同調圧力のトリセツ

鴻上尚史　中野信子
KOKAMI Shoji　NAKANO Nobuko

小学館新書

はじめに

例えば移動中の電車の中であったり、寝しなに夢うつつで思い出したりする風景の中に、繰り返し繰り返し現れてくるイメージがある。

その一つの中に、鴻上さんの脚本の中に描かれているシーンがいくつもある。もちろん、現実にそんな風景を一緒に見に行ったことはないし、鴻上さんの頭の中に生成されたイメージがひとたびは文章に落とし込まれ、それを私が自分の脳内で再構成して観ているわけだから、そこには完全な一致をみることはできない。そんなことは当然、説明不要なことで、自動的に論理的にそうであるわけだけれど、少なくとも私が無意識に紡ぎだしてしまう思考の基礎となる部分にそのイメージは深く刷り込まれていて、こうして年月を経た後に私の言葉として読まれるものの幾分かには、鴻上さんの成分が入っているということになる。いわば、私は鴻上さんの文化遺伝子をどこかに受け継いでいる、いわば文化的な文脈における「子」のようなものだともいえる。

　こんなことを書いて鴻上さんや、鴻上さんの周囲にいる本当のご家族が不快な思いをしなければ良いけれどと願いながら、そんなことを願うくらいなら最初から書かなければいいのではないかと突っ込みを入れる自分の存在も意識しながら、それでも、直接言うのと書くのとではやはり違った意味合いを持つし、何より多くの人にもっと戯曲というものの持つ本質的な意味を理解してほしい、理解してもらうべきだ、という思いがやむことがなく、それで、このように明示的に書くことにした。

　つまり、物語、戯曲、言葉の持つ力とは、それほど大きいものなのだ。

　繰り返し繰り返し、そのイメージがもとになって、思考や言葉が紡ぎ出され、私という、世界へと踏み出す一歩一歩が苦しみを伴うように生まれついた、どちらかといえばこの世で生きることに向いていないような人間でさえ、その世界を広げてより悠々と生きていくことが可能になるほどには、大きな影響力があったのだ。もちろん、その力は私の世代でついえることはなく、私というフィルタを通して、さらに遠く、広く、何世代にもわたってつづいていくのである。

ただ、これは一方で、恐ろしいことでもある。言葉や戯曲は、良い影響ばかりを持つとは限らない。これは説明の必要のあることだろうが、本書を手にする人はそのリテラシーを持っている人々であろうと信じて、あまり隠し立てすることなくつまびらかにしておきたいとも思う。戯曲には陰惨なものもあれば、グロテスクなものもあり、それらが世間（社会とはやや意味合いの異なる、強い共同体意識を前提とした、ムラの延長のようなもの）に受け入れられないことで激しい議論を呼ぶことがある。その陰惨さやグロテスクさは、私が指摘したい恐ろしい側面ではない。

人を直接に毒することが恐ろしいのではない。むしろこれらは、私たちが抗《あらが》いようのない不条理さや悲惨さに立ち向かっていく強さを内的に醸成するための種であり、戯曲の持つ重要な役割を担うものだ。陰惨や恐怖、グロテスクさがエンターテインメントたり得るのは、私たち自身を守り、より生き延びる確率を上げるために、それらを仮想的にリハーサルさせておこうという巧まざる仕掛けでもある。近年の研究では、より「終末モノ」を好むグループのほうが、パンデミックに対応するための準備をより適切に行い、冷静さを失うことが少ないという結果が明らかにされている。私自身も、どちらかといえば、明るく陰りのない作品よりは、毒を持つ暗い色調の作品のほうを好んで見る傾向が強い。

　こうした世界観が作品として提示されることは、共同体にとってはワクチンを接種するようなものであるともいえる。時には、その力が強すぎて、望ましくない副作用が出ることもある。だが、なんの準備もなく、どうすることもできない災害や理不尽に、突如としてさらされてしまうよりずっと、あらかじめ何事かがあるものだと知っているほうが、明らかにレジリエンスを高く持つことができるであろうことは、これ以上の説明を必要としないはずだ。かつては宗教にもそれと同じ役割があったと考えられ、地獄のイメージや黙示録的な光景が繰り返し語られるのは、これと同様の効果が無意識的に企図されたものであろうと考えると辻褄《つじつま》が合う。

　本当に、私が怖れるのは、毒が広まることではなく、異物を毒だと認識し、過剰に排除しようとして本体まで焼き尽くそうとする現象である。時には、物語がそれに火をつける役割を果たしてしまうこともある。美しい理想と正義とに、ひとたび影響力のある誰かが駆り立てられてしまえば、その帰結は文字通り地獄だろう。正義の炎は多くの人に燃え広がり、さらに多くの無辜《むこ》の人の悲しみと苦しみが、その先には屍《しかばね》のように横たわっているだろう。

21世紀の初頭にいる私たちには、まだその記憶が断片的ながら残されてもいる。誰かにとっての正義が、他の誰かにとっては正義であるとは限らない。むしろ、正義に燃えるその姿が、鬼畜と呼ばれたり、悪魔の形相をしていたりするかもしれないのである。正義の炎によって人々が焼き尽くされる、その惨劇を、私は怖れる。

共同体にとって正義とは、異物を毒であると認識して排除しようとする、アレルギーのような現象に仮託することができる。本来は排除しなくてもよいもの、すべきではないものに対しても、過剰に反応して、全身に症状が出てしまう。時には、異物ではありえない自分自身に対してさえその攻撃が向かい、臓器や組織を破壊して、日常生活もままならなくなってしまうこともある。

技術的な課題が次々にクリアされ、私たちはコミュニケーションにおいては史上かつてないほどの利便性を享受している。しかしながら、この利便性そのものが、私たちの脳が生み出す機能それ自体に内包された、排除と分断の構造を露出させることに寄与してしまっている、というのが現代の病理である。

私たちはわざわざコストのかかる有性生殖という方法をとってまで、多様性を保持しようと努めている。さらにいえば、同じ遺伝子、を持っていてさえ環境に鋭敏に影響されてその行動様式を変化させうる脳があるために異なる戦略をとるようになるという複雑で不完全な社会性を前提とした共同体を構成する生物種である。一様なあり方を選択して世代交代のサイクルを高速で回し、他種より少しでも早く増殖することで生存競争に勝とうとする種や、真社会性を持ってあたかも共同体が一個体であるかのように振る舞い、能力を集約して適応を試みるという種とは根本から仕様が異なる。

一つ上の先輩に、頭もよく、容姿も美しくて、誰からも愛される女性がいた。駒場時代のサークルで一緒だった人で、彼女は、理想に燃えるややナイーブな性格の持ち主でもあった。

1995年に、阪神・淡路大震災が起き、彼女は、関西方面にボランティアに行った。そうした活動に迅速に自分の力を使うことのできる人柄。いまもし彼女が生きていたら、彼女のことを好きにならない人はいなかっただろうと思う。

当時は、こうしたボランティア活動が考慮されて取得単位や点数などに反映される仕組みが大学側にはなかった。そのこともあって、彼女の成績は落ちてしまった。さらに、目標としていた、国家一種の試験でも思うような成績を残すことができなかった。

それが原因なのかどうかは誰にもわからない。けれど、その年の夏、彼女は自ら命を絶ったのである。

惜しいだとか悲しいだとか残念だとか、月並みのことをいうのはもはや虫唾が走る。彼女もそんなことは望んでいないだろう。誰かを悪者にし、何か問題になりうる要素を見つけ出して糾弾する段階ももう終わっている。そんな凡庸なフェーズに留まり続けるつもりもない。一度は分析が必要だろうが、「悲しんでいる自分」に酔って悲劇の主人公である自分を味わい続けるなどということをしても何の前進もなく、何の解決も生まず、時間の浪費だ。

今更、言っても詮なきことかもしれないが、彼女は、世間の点けた正義の火に生きながら焼かれ、ついにはその身をその火に投じることになってしまったのではなかったか。

いつも考えるのは、もし、いま彼女が生きていたら、ということだ。彼女がもし今の世相を見たら、どんな行動をしただろうか、どんなことを考え、何を思って、どんなことを話しただろうかと、いつも考える。

私は、二人分の生を生きているような気がする。いや、二人分どころではないのかもしれない。私に毎時流れ込んでくる、あふれるほどの言葉の中に含まれる、物語のフラグメントをそのまま抱え込んで、私の世界は複雑に構成されたモザイクのようになり、無尽蔵に広がっていく。このモザイクのひとつひとつが、誰かのモザイクのどれかひとつと重なるとき、衝突が回避され、分断はより豊かな多様性へと昇華されていくのではないだろうか。

そのために私たちは物語を必要とし、他者の物語を生きるために戯曲を必要とするのだろう。私たちが芸術を再構築しなくてはならないのは、そのためであり、喫緊の課題でもある。

中野信子

同調圧力のトリセツ

目次

第1章

日本の「同調圧力」とコミュニケーション

大人になった今だから言えること

鴻上　この国の閉塞感やレッテルの貼り方に対する抗議の挙げ方から考えると、僕と中野さんはそんなに違う方向を向いているとは感じられないんです。でも同じ方向を向いている人同士の対談は、実は面白くなかったりするんですよね。何を言っても、お互い、そのとおり、そのとおりで終わっちゃうから（笑）。

中野　そうですね。ある問題がタワーのように真ん中にあったとして、その問題を私が東側から見ていて、鴻上さんは西側から見てるような感じの対談になったらいいですよね。

鴻上　そうなるといいです。同じ方向、同じサイドからだとダメなので。

中野　私はずっと集団と個の関係に興味があるんです。鴻上さんは、作品の中で、排除されている人の視点で、どうして集団が生贄を必要とするのかを、すごく詩的に情緒的に書かれていますよね。まだ高校生くらいの頃に鴻上さんのスクリプトを読んで、これは同じ問題意識を持った人だ！　と感銘を受けて、ボロボロになるまで読みました。あまりに読むので、もう3冊同じのを買っていると思います。

同じ轍《きし》みを見ている。でも私は何とか科学でこれを解決できないか、と取り組んできた。一方で、鴻上さんは経験的に、血の通う言葉を紡ぐことでそれを解決しようとしてこられたんじゃないかと思っています。その視点が組み合わさると、いわゆる上級国民になろうとする必要はないということや、自分のいるべきとされているところに長く留まり続ける必要はなく移動してもいいといった、柔軟な生き方のヒントを、若い人が見つけていけるように思うんです。

鴻上　でも、「上級国民にならなくてもいい」と言うと、屈折している読者の中には「中野信子が何を言ってんだ」と思う人がいるかもしれませんよ。中野さんは、家庭の事情で国立大学しか選択できなかったとしても、結局、東大に入ったわけですから。

中野　いやいや、私は勉強ができるという本当に一枚のカードしか持っていなかったんです。それも、中途半端ですよ。貧乏だし、両親もそこまで教育熱心かというとそうでもない。地位も名声も体力もない。背水の陣で受けた東大に受かったからよかったんですけど。本当のところは、早稲田カルチャーで育った卒業生の皆さんに多くの素敵な人がいて、憧れがあったので、お金があって早稲田に行ける人がうらやましかったですよ。

鴻上　何を言ってるんですか。中野さんみたいに、美人で勉強できるって、最強のカードですよ。

ところで、予備校の先生に話を聞くと、僕や中野さんの時代に比べて、浪人をする人が十分の一以下に減っているそうです。

中野　そんなに減ったんですか。

鴻上　なぜ減ったかというと、一年浪人をして大学の偏差値を上げて、ワンランク上の大学に入る意味を見いだしにくくなってきたからだそうです。昔は、東大から早稲田・慶應……という大学のランクにグラデーションがありましたが、今は、浪人するなら、医学部か東大に入らない限りは意義がない。ぶっちゃけて言うと、今は東大とそれ以外の大学という認識なんです。

中野　そこに疑義が呈される時代なんですね。でも長者番付を見てもテレビを見ても、そんなに東大出身の方はいないじゃないですか？　目立っている東大生は、東大に行ったことに甘えず、それ以上のことを自分でやってきた人達。大学名には大した価値はなく、自分で何をやるかが大切。大学名に甘えるように思考停止してしまって、若いうちから自分を磨くことをやめてしまった人たちの中年以降って、結構悲しいですよ。50歳になって、自慢できるのがセンター試験の点数しかないみたいな。30年以上も何やってたの。大人になった今だから言えることが、もっと若い人達に響いてほしいですね。

ハイコンテクストな日本のコミュニケーション

中野 編集の方のお話だと、今、コミュニケーションに関する本が売れているようです。みなさん、コミュニケーションに関して、悩んでるんですよね。鴻上さんの見立てでは、どうしてだと思いますか？

鴻上 僕の言葉で言うと、日本人が生きてきた「世間」が中途半端に壊れてきているからだと思います。「世間」とは、現在、もしくは将来の自分に関係のある人たち。学校のクラスメイトや会社の同僚、地域のサークルや親しい近所の人など自分が知っている人達によって作られている世界です。「世間」の反対語は「社会」だと僕は言ってるんですが、「社会」というのは現在も未来も何の関係もない人達で構成された世界です。道ですれ違った人とか、たまたま入ったコンビニの店員さん、電車で隣に座った人など、自分の知らない人達が作っている世界。日本人の多くは「世間」に生きて、「社会」とは接点が少ないのです。日本人は自分に関係のない「社会」の人とはなるべく関わらず、同時に関わり方がわからず、自分と関係のある「世間」の人を大切にします。結果、圧倒的に「世間」の中でしかコミュニケーションしていないんですが、この「世間」がどんどん中途半端に壊れてきているんです。

僕がよく例に出すのは、NHK紅白歌合戦。前の東京オリンピックがあった前年の1963年（昭和38年）には、視聴率はなんと81・3%もあったんです。それを頂点に1980年代前半までは、75%前後を維持していました。若い奴は信じませんが、ほぼ全部の歌をみんな歌えました。みんなが同じものを見て楽しんでいたんです。そんな時代は（本当は自分を抑えていた人が確実にいたでしょうが）コミュニケーションの断絶に悩んでいなくて、ツーと言えばカーで、なんとなくわかってしまっていた。

しかし、今は、大晦日に紅白歌合戦を見るかどうかだけでなく、そもそも、テレビを見るかどうか、動画をネットで見るかなど視聴行為だけみても多様化してきています。「同質であること」を維持できなくなっているんです。けれど、コミュニケーションのやり方は今までの「世間」のものを応用しているから、あちこちで軋《きし》みが生まれてしまっている。さらに、もう一方の「社会」とどう繋がっていいのかわからないまま、みんなが混乱して、なんとかしようと新たなコミュニケーションのやり方を探して、そういう本を求めているんじゃないかな。

中野 そうなんですね。私はずっと、人間がどうして個の意志と集団の意志が並列に存在する「不完全な社会性」しか持たず、共同体が一個体であるかのように振る舞う蟻や蜂のような「真社会性」を持たないいんだろうと思っているんです。

鴻上 蟻や蜂は、すごく頑張って従う個体もいれば、全く働かない個体が二割くらいいて、働く蟻がバーンアウトしたり、動かなくなった時には、働かない蟻が登場して働きだすって言いますよね。

中野 個が「意志をもって働かない」のでなく、単に働かない蟻は、全体のバッファーの役割なんです。繰り返しになりますが、蟻や蜂は巣の全体が一つの生き物みたいなものなんです。

鴻上 なるほど。僕のフィールドである劇団という集団で考えてみると、一番周りから能力が低いと評価されている人が、伸び伸びと生きられているかどうかが、その劇団の集団としての健全さの目安だと僕は思っています。30人の集団がいれば、一人くらいは遅刻の常習犯だったり、作業を頼んでもできなかったり、必ずオーダーを間違えてしまう人がいる。そういう人達がプレッシャーを受けていられなくなる集団は、とても息苦しい集団だと言えます。

中野　でも、そんなに集団が大事なら、どうして人間にはそれに反するように、個人に強い意志や意識があるのか不思議なんですよね。

鴻上　集団に奉仕するためだったら、個人の意志なんていらないんじゃないかということですか？

中野　いえ、個人の意志を否定したいのではなくて、なぜ真社会性にならないんだろう？という単純な興味です。まあ効率重視なら真社会性ですよね。蟻や蜂と同じ。でも人間は個人の自由に価値を重く置いていたりする。それなのに、みんなのためにと思って個人の意志を時には潰したりもしていて、その間を揺れ動いている不完全な社会性が面白く見えるんです。一貫性を求めるわりには、柔軟に対応しろと言われることもあって、コミュニケーションを介して個体同士が複雑に絡み合っているように見えます。
そもそも、私は「どうして人と同じような振る舞いができないの?」と言われたり、「変わってるね」と言われたりして、集団になじめないところがあったんですが、自分自身はあまり変わったところはなく、凡庸な人間だと思うんです。

鴻上　変わっていることと凡庸はイコールではないんじゃないですか。「変わってる」ということは、他人の言葉の受け取り方が変だということで、変わっていて凡庸じゃない人と、変わっていて凡庸な人がいる気がします。

中野　おそらく一般的な意見の受け取り方が、私は下手くそなんですよね。でも私みたいに受け取り方が下手なほうが、なぜかコミュニケーションに悩まずにいられて、受け取り方が上手な人のほうがめちゃくちゃ巻き込まれて、大変な思いをして悩んでいる。むしろ受け取れない側からすると、悩んでいることがうらやましい感じさえします。

鴻上　脳科学的には、日本人がコミュニケーションに悩むというのは、どういった分析になりますか?

中野　脳科学的に、というよりは比較言語論のような話になってしまいますが、日本の、あるいは日本語話者のコミュニケーションのあり方は、ハイコンテクストだと言われますよね。まさに「空気を読む」という表現もありますけど、こんなの日本語だけ。一つの単語が表す意味が重層的であったり、同音異義語も多くて、意味をあえて特定しにくくしているフシすらある。表情や声のトーンなど言葉以外の情報に頼ることも頻繁にあります。受け取る側のリテラシーが試される言語です。さらに、失敗してしまった時のペナルティも大きい。このペナルティの大きさは「社会性の強さ」とも言えます。日本がこのような独特の社会を形成した要因の一つには、災害が多いことも関連していると思います。

鴻上　「社会性の強さ」とは僕の言う「世間性の強さ」ということですよね。同じ「世間」に生きているなら、言葉がハイコンテクストでも成立します。逆に言うと、「世間」の団結を強めるためには、ほかの集団には通じない符牒《ふちょう》、独特な言葉を使うことが大事になる。ほかの集団には通じない言葉を使えば使うほど、同じ集団に属す我々は一つだという快感を覚えることになります。

中野　思考停止していても安全、ということですしね。

鴻上　その符牒を読み間違えてしまうと、我々の「世間」には所属していない者だと認定され、強烈な制裁がやってくるわけです。

中野　共同体を破壊し、安全な思考停止状態を破る危険な異物として排除されてしまうんですよね。

好きなことをしているとたたかれる国

鴻上　コロナの影響で国から自粛を求められた時に、「演劇界を含め、自粛要請でダメージを受けた業界には、休業補償をお願いしたい」とインタビューで話したら、そのインタビューをネットで読んだ人から「好きなことをやっているんだから、貧乏でいいだろう」という反応があったんです。

中野　同じ時期に、日本俳優連合の理事長を務める西田敏行《にしだとしゆき》さんが、俳優の窮状を訴える要望書を国に提出したら、同じようにバッシングされてしまったことをよく覚えています。「好きなことをやっていると責められてしまう国って何なのかな…」とすごくモヤモヤとした気持ちになりました。

鴻上　好きなことをやっていると、ネットで攻撃されるのはどうしてだろうと疑問を感じて、エッセイに「街のラーメン屋さんを含め、自分で事業を始めた個人事業主は、今はコロナ禍で苦しいかもしれないけれど、たぶん好きなことをやろうとした人達。サラリーマンは半分半分くらいで、今増えている非正規雇用の人たちは、好きなこととは遠いことをやっているんじゃないだろうか」と、書いたんです。そうしたらそのエッセイがネットにアップされた数時間後には、「好きなことをやっていないのは非正規」と僕が言っているというスレッドがネット上に立っていて驚きました。

中野　え……！

鴻上　そのスレッドをよく読んでみると、僕のエッセイの一部分しか抜粋していないんですよ。だから、それを元にして呟いていた人に、「全文を読んでください」と丁寧に一人一人レスポンスをしたんですが、今度は「鴻上が憑《つ》いた」というツイートが出てきて、その瞬間、「なんでこの暗闇に僕は石を投げてるんだろう?」と我に返りました。

中野　書かれていることを、意図的に歪めて読み取ったり、アクセス数を伸ばすために敢《あ》えて人の気持ちを逆なでするように切りとったりする人はいますよね。それにしても、好きなことをやっている人がとがめられる時代というのは、本当に闇だなと…。

鴻上　自分が好きなことをしていないから、好きなことをやっていると思われる人を見たら、許せないと感じてしまうんだとしたら、これは脳科学的にはいわゆる嫉妬になるんですか？

中野　はい。嫉妬、というか正確には妬みですね。自分は我慢をしているのに、あの人だけは好きなことをやっていて「ずるい」と認識すると、その人を攻撃せずにはいられなくなる。

私はその点で標的になりやすい人達の代表例として、スポーツ選手が挙げられるのではないかと感じています。「国のために頑張ります」と言うのは許されても、「楽しんできます」と言うのは許されない。もし楽しんで結果を出せば、賞賛されるかもしれませんが、結果が出ないと、成績とは関係がない、例えば、ファッションや化粧のことまで槍玉《やりだま》に挙げられて非難されてしまう。好きなように生きていることが、これほど罪のようにとがめられてしまうことに、危惧を覚えます。

色眼鏡をかけるほうが人間にとって快適

鴻上　確かに僕は好きな演劇を仕事にしているのですが、好きなことを仕事にすることは、ただ「楽しい」とか「嬉しい」ということではないんです。好きなことを仕事にした人なら、みんな直面すると思うんですが、好きなことを仕事にするために、やらなければいけない「好きでないこと」が、かなりの量あるんです。

演劇で言えば、よくファンの人達が使う「大人の事情」というものも実際にあって、思ったとおりにできないことも多々ある。うかうかしていると演劇そのものをどんどん嫌いになるような出来事もある。そういったことを全部無視されて「好きなことをやってるんだから文句を言うな」と言われてしまうと、すごい無力感にとらわれますね。

中野　「好きなことをやっている」ということにマスクされてしまって、その人が実際どんな状況にあり、なにを考えているのかまで見えていない。解像度がすごく粗くなっているんですよね。私たちの脳は、自分の身の回りの人のことはよく見えるんですが、自分の集団にはいない人のことは、記号のようにしか認知できません。つまりよそ者のことは、記号だから攻撃してもいいんだと思ってしまうんです。

鴻上　そこをどう乗り越えていくか、ということですよね。

中野　「努力して変えていきましょう」というのは、基本的に機能しない呼びかけだと思っているんです。場合によっては、より悪い状況にもなる。努力できる人だけが損をし続けていく仕組みだからです。努力できない時間はそれができないということ。何か一つ努力しだすと他のことができなくなるくらい、人間の脳というのは努力には向いていません。さらに、仲間として認知できる人数は、百五十人と言われていて、それ以上の人たちは、記号としてしか扱えない残念な脳なんですよ。私達はそもそも色眼鏡をかけて生まれてきている、ということを知るしか方法はないように思います。

鴻上　人間はそうやって色眼鏡をかけるほうが快感というか、快適だから、色眼鏡をかけるわけですよね。

中野　ええ。だから、自分が気持ちよさに負けて誰かを攻撃しそうになった時に、「いけない、私、色眼鏡をかけてたわ」と気づくきっかけをどこかに置いておくことが大事です。逆に、万が一、自分がその攻撃の標的になってしまった時は、「あの人、色眼鏡が外せてないな」と思えるよう、心算をしておくことをおすすめしたいです。

何をやっていてもドーパミンの量は一緒

鴻上　好きなことをやっているという理由でたたかれる国なんですから、僕がよく言う「同調圧力」によって、出る杭は打たれていく状況もひどい。「みんなと同じになりなさい」という強い雰囲気に負けちゃう。だから、若い世代になればなるほど、たたかれないようにたたかれないようにと、とにかく周りを見て、違うことをしないという考えが最初にきます。人と違っても「好きなことをやっていいんだよ」というメッセージをどう伝えていけばいいと思います？

中野　好きなことをやることは楽であり得だと思っている人が多いようなので、そうとは限らないよと、好きなことをやることの苦しさを、もっとアピールしてもいいのかもしれないですね。

鴻上　なるほど。好きなことをやっていない人にとっては、好きなことをやる苦しさがあまり理解されてなくてたたかれるということですね。

中野　好きなことをやって挫折をしたら、もう後がない。崖っぷちで戦っている人達に、さらに石を投げてどういうつもりだと思っちゃいますよ。研究者も、好きなことをやって、悠々自適にすごしていると思っている人がいるかもしれませんが、実際は、書いた論文の数などで研究者のランクづけがされてしまったり、予算をとるのも毎年戦い、という結構過酷な世界です。たたく人達は、好きなことをやって負けた時の悔しさ、絶望感を想像できない、残念な脳の持ち主だと、世界に自分の恥を発信しているようなものですが。

鴻上　好きなことをやることがイコール薔薇色の人生を歩んでいるように思われるから、攻撃されやすくなってしまうんですよね。

中野　たまに薔薇色の瞬間があるかもしれないですが、好きなことをやって生きていても、好きなことをやらずに生きていても、人生の苦しみはそれほど変わりませんよ。そもそも、どんな人生を選んだかで、脳本体は変わるわけでもありませんし。どんな人生を送っていても、「楽しい」の脳内表現は神経伝達物質ドーパミンによるものです。さらに言うと、ドーパミンの快感は、貧乏だろうが富裕層だろうが、脳がホモ・サピエンスのものである限りそう変わらないんです。

鴻上　毎日が苦しくても、パチンコで大当たりした時にドーパミンが出るわけですね。

中野　たまにモテてすごく嬉しいとか（笑）。

鴻上　ドーパミンが出ていないから、やる気が出なくて、体が動かないということはあるんですか？

中野　どうですかねえ。やる気が出ないというのはむしろ、精神を安定させるセロトニンが足りなくなるからかもしれません。

日本人に少ないセロトニントランスポーター

鴻上　セロトニンと言えば、以前、中野さんと対談をさせていただいた時に、セロトニンの濃度調節を行う、セロトニントランスポーターの数が日本人は少ないと伺いましたよね。

中野　はい。セロトニントランスポーターとは、セロトニンの運び役で、脳内で分泌されたセロトニンを再度、細胞内に取り込んで分泌させるリサイクルポンプのようなものなんです。もし、セロトニンの数が少なくても、このセロトニントランスポーターがあれば使いまわしができます。だから、数が多ければ精神は安定する傾向になり、少なければ不安傾向が強くなります。しかし、日本人の約97％にセロトニントランスポーターの数を少なくする遺伝子があることがわかっています。日本人は不安になりやすい民族ということになりますよね。

鴻上　日本に住んでいる人は、なぜセロトニントランスポーターが少ないんでしょう？

中野　日本は地震や台風、水害など災害も多かったので、リスクになりそうなことはなるべく避けて、危険に対してきちんと備えられる不安傾向の高い人が生き延びやすかったんだろうと考えられます。その結果、セロトニントランスポーターの少ない人が生き残った。

脳のどの場所にセロトニントランスポーターが少ないかによってどんな行動様式として表れるかも違います。例えば、脳の島皮質《とうひしつ》にセロトニントランスポーターが少ないと、強迫神経症、強迫性障害として現れます。ある特定の数字は縁起が悪いからと忌避して、四のつく部屋に泊まると自分が死ぬような気がしてしまう、などの症状が出ます。

鴻上　旅館の部屋で、北枕で布団が置いてあったら、激怒して帰ってしまったなんて例ですね。

中野　あまりにも強迫性障害が強い人は、具合が悪くなったり、体に影響が出たりしてしまうこともありますね。

鴻上　セロトニントランスポーターの数を増やすことはできないんですか？

中野　残念ながら、セロトニントランスポーターの遺伝子の直前のプロモーター領域が、遺伝的に数を決めているんです。

鴻上　遺伝的に量が決まっているということですか。

中野　まあ、そういうことになります。セロトニントランスポーターが、中脳にあるセロトニンを合成する背側縫線核《はいそくほうせんかく》に少ないと、理不尽なことを見ると、いきなり爆発して思いも寄らない行動をとってしまうことがあります。コストをかけてでも、理不尽を強要してきた人を攻撃せずにはいられなくなる。理不尽を強要した社会に一矢を報いて、自分の命というコストをかけてでも復讐しようとする行為は、セロトニントランスポーターが少ないことの表れかもしれません。

攻撃性ではなく協調性が高くなる傾向

鴻上　日本人は、理不尽を我慢して一旦受け入れはするけれど、最終的には爆発してしまう可能性があるということですか。

中野　肉を切らせて骨を断つどころではなくて、骨を切らせて骨を断つようなコストのかけ方があり得るのが怖いところです。そんな選択をさせるための仕掛けが、セロトニントランスポーターにはあります。

鴻上　それは何を目的としているんでしょうか。

中野　何が目的なのかはわからないんですよ。どうもそうなっているという研究結果だけがあるんです。

鴻上　戦争中にＢ29の爆撃に備えて、全員が竹槍を空に向かってえいやっと訓練をする。それはどう考えたって、意味のないことですが、セロトニントランスポーターの密度が少ないと、「これだけやられてるんだからやり返してやるぞ！」と竹槍を手に取ることになるんでしょうか？

中野　背側縫線核にセロトニントランスポーターの数が少ない人は、まず協調性が高いという傾向があるんです。

もしたった一人で誰かが竹槍で訓練をしていれば、「この人、大丈夫かな？」と思われるでしょう。でも、ほとんどの人が竹槍で戦おうとしていたら、どうでしょうか。個人的には竹槍で戦うなんて無駄だと思っていても、自分だけがやらなかったら、後でどんな目に遭うかわからない、となるのでは？

鴻上　ほかの民族に比べて、理不尽を飲み込んで耐えてしまいやすいということですか？

中野　そういうことになりますよね。

鴻上　社会的にうまく対処するトレーニングの方法を知らないというのはありそうですね。

中野　この問題を考える上で、「対処する方略を知らない」というレイヤーと、「そもそも方略を使ってはいけないと思っている」レイヤーがありますよね。「同調圧力」の一つと言えるかもしれませんが、どこかで日本人は「そういうことが嫌いだけれども、みんなが耐えているから、自分も耐えなくては」とは思っている気がします。

朝の9時から「朝の」5時まで働くようなブラック企業に入ってしまって、これはおかしいと言ったらクビを切られてしまったり、クビにまでならなくても「みんなそうやって力をつけてきたんだから、おまえも頑張れよ」と先輩達から諭されたりして、反論ができない状況にある人の話を聞いたことがありますが、そんな感じですね。

ファミリアリティーの高い人を敵だと思う

鴻上　中野さんの著作を何冊か読ませていただきましたが、「やりがいを獲得するためのヘイトスピーチとアンチヘイトの闘い」というものもありました。傷つく人達がいるヘイトスピーチは、無条件でやめさせなくてはいけませんから、「やりがい獲得」のもっといい例はないかと考え、学生運動の時の、新左翼の内ゲバの例があると思ったんです。

あの当時、国家権力があまりにも強すぎて、デモをしてもジュラルミンの盾を持った機動隊にデモ隊は取り囲まれてしまって、外から見ると機動隊がデモをしているように見えるくらいだった。本当の戦う相手は政府であり、機動隊だったのに、圧倒的に不利な状況で学生達が充実感を得るためには、どうしても党派同士が互いに対立するしかなかったと思うんです。

中野　自分達にとって、なじみのある、ファミリアリティー（親近性）の高い人を敵だと思ってしまうので、似てはいるけど少し違う人を敵視しやすいというのも人間の特徴なんですよね。遠いヨーロッパのバレエ団など、自分から遠い集団で好き勝手やっている人を見ても妬ましいと思いませんが、同じ集団にいながらも好きなことをしていたり、一人だけ得をしたりしている人を見つけると、自分達のルールに従っていないと敵視するようになります。

鴻上　それは近親憎悪というものですよね。近くて似ている人に対して、憎悪が高まって妬みの感情が出てしまうのは、科学的には仲間だということを追求しようとしているからですか？

中野　仲間を認知するためのオキシトシンという物質は、他人と近接した距離に長くいたり、一度でも握手のような接触があった場合に、仲間だと認識して絆を作ります。でも不思議なことに、仲間と思うのと同時に妬みの感情も強めるんです。仲間のルールに従っていない人を、いち早く検出して、仲間だから我慢しなさいという圧力をかけてしまう。これが「同調圧力」の正体だと思っています。

鴻上　オキシトシンですか。僕は、島国の日本は一度も異文化に侵略されていない点が、日本での「同調圧力」の要因だと思っています。同じアジアの農耕型の中国では、漢民族が全土を治政した王朝は四回しかなく、モンゴル系やトルコ系から異文化が常に入ってきて、今までの言語が通じない民族に支配された経験がある。でも日本では、支配する地域の大名が代わっても、今までの生活が変わらなかったから「同調圧力」が異常に強くなったと考えています。

中野　「異文化の支配をうける」というのは、「異なる遺伝子の持ち主の子が生まれる」ということでもありますね。脳における物質の動態も、それは変わるはずです。細かく見ていくと日本の中でも沿岸部と内陸部でコミュニケーション様式の差がありますよね。例えば、今、いわきの大学でも教えているんですが、いわきがある沿岸部はよそ者をあまり嫌がらず、どちらかといえば開放的なあっけらかんとした文化のように思います。でも同じ県内の会津の人は、真面目で教育水準も高く歴史もありますが、警戒的で慎重な態度を取られる人が少なからずいらっしゃるように感じます。

地理条件によって、他所から来る人が富をもたらす場合と、デメリットになる場合があって、おそらく中国でも、他所から来る人が交易などで利益をもたらす地域と、逆に今まであった伝統を壊して、農耕がうまくいかなくなったり、収奪されたりした地域とで差があるはずです。

国という大きいレベルで見ると、日本はよそ者から収奪されるほうが多くて、閉じていることによって得することが多かったんでしょうね。

鴻上　変わらないことのほうにメリットが大きかったんでしょうね。おらが村のシステムを変えるよりは、大名が誰になっても年貢さえ納めればいいんだから、今までどおりに暮らしていきましょう、としていたのでしょう。

さらに、三百年近く続いた江戸時代の日本人の85%は、農民で、年貢を村単位で請け負っていました。つまり年貢を出していない人が個人で責められるわけではなくて、村全体で責められるというのが、日本の「同調圧力」の強い「世間」を育てるには大きかった気がします。

中野　地域間の流動性が低かった国ですから、長期的に、世代を超えて人間関係が続きますしね。藩や村という、自分がいるコミュニティ内でどう生き延びるかが最優先だったと思います。「生き延びる」というのは「遺伝子をどう残すか」という問題でもあります。村八分に遭うと、遺伝子を残しにくくなりますからね。社会的な配慮ができる、できないが、そのまま遺伝子を残せる、残せないに繋がってくる。必然的に、協調性を大切にする、セロトニントランスポーターが少ないタイプの血が、増えていったんでしょう。

定住農耕に適した人が生き残りやすい

鴻上　日本人の「同調圧力」が強いことに、セロトニントランスポーターの密度が少ない理由の他に、何かあると思いますか?

中野　やはり、一つは日本がコメ作文化だということですね。中国のコメ作地域と麦作地域で、全体主義的度合いを調べたミネソタ大学の研究があって、結論としては、全体主義的度合いが強かったのは、コメ作地域だったんです。そのチームが言っているのは、おそらく麦よりも米のほうが作るまでのステップが多く、抜け駆けが許されないので、コメ作地域ではみんなと一緒にやりましょうという人しか、生き残らせてもらいにくかった可能性があること。

日本は硬貨にもお米が刻まれるくらいのコメ作文化ですから、長い時間をかけて、リスクを取って一人抜け駆けをするような人は遺伝子を残させてもらえず、全体主義的度合いの強い遺伝子が残っていって、定住農耕に適した人が生き残りやすい国になったという考察ですね。

鴻上　何代にもわたって、そういう人達が排除されていって、純化された民族になっていくわけですね。ほんといろいろな実験や研究がされているんですね。

中野　人間個人の意思は、それぞれの個人の意思であるべきで、特に研究者は誰かに意思を乗っ取られたくないタイプの人が多いですから、「全体主義になるのはなんでなんだろう？」と調べているのかもしれませんね。

どれだけ自覚的に生きてはいても、強く反対する理由がない場合は、どこかで乗っ取られざるを得ないですよね。私だって、みんなが言うことに真っ向から反対するのはリスクがあって、みんなに合わせなくちゃいけないような気がしてしまうこともあります。

鴻上　内心、「同調圧力」が嫌だと思っている私たち日本人は、我慢して従っていて、肉を切らせて骨を断つわけじゃなくて、肉を切らせながらずっと骨も切らせ続けている人が多いってことですね。

中野　だらだらと血を流しながらも、なぜか耐えてしまうんですね。

共感性が低いほうが有利な場面もある

鴻上　脳科学の研究により、我々人類は、他の人の行動を見るだけで、自分がその人と同じ行動をしているかのように脳を反応させるミラーニューロンと呼ばれる神経細胞を持っているということがわかりました。その神経細胞のおかげで、他人の痛みを自分の痛みとして感じることができると聞きました。人々の分断や対立の中で、ミラーニューロンはある種の希望のように感じたりもしたんですが、そのわりには僕は「痛み」が人によって全然違うと思ったんです。自分の経験の中でもそうです。例えば、「閲覧注意」と出てくるYouTubeの動画でも、「全然『注意』じゃないじゃん」と思うものと、「見るんじゃなかった」と何日も尾を引くようなものに分かれる。この違いは一体、どうしてでしょうか。

中野　人間は長い間、記憶を保持できるということもあって、その人の歩んできた人生の背景によって認知の形が変わってしまう可能性もあるといえばあるんです。子供の頃に受けた、嫌な思い出を想起させるような刺激の場合は、強烈な印象を残しやすいですね。

鴻上　初めは人を殺すことに抵抗があったけれど、だんだんなんともなくなったという戦争経験者の証言もありますけど、それはどうですか？

中野　共感性が低いほうが有利な場面も確かにある。例えば大規模な戦闘もそうですし、社会的に一人だけコンテクストを無視できる人が得する場面もある。他者の社会性の土台の上に、自分の搾取構造を築いて得をするという。そういうスキームができてしまえば、共感性をオフにできたほうが有利な場合があります。

鴻上　オンにするのが難しい人や、オフにしやすい人もいるということですよね。

中野　オンオフはそんなに自動的にできて簡単かというとそうでもないのですが、子供の頃に嫌な目にたくさん遭っていたり、搾取され続けた経験から、自分はそういう目に遭うものだと思っている人は、完全にオフではなくても、大部分オフ、のような、うまく機能させることが困難という人もいます。自分達の仲間に対してはオンなんだけど、仲間じゃない人にはオフになるとか。条件によって共感性がオフになる場合もあります。白人にはオンなんだけど、黒人にはオフになるケースというのは、アメリカ社会では、よく話題にされる問題ですね。

鴻上　それは、いわゆる「世間」と「社会」に生きる相手の違いということですね。「世間」の人は想像しやすいんですね。

普通の生活の中で、これくらいはみんなが共感するだろうという暗黙の水準が持てる人は、「世間」ではなく「社会」を意識できるということですね。

中野　人口がある程度増えている都市部だと、そういう人は戦略的に優位に立ちやすいので、人口が増え始めてから、そういう個体が生じてきたと考えるほうがいいと思いますね。

鴻上　共感性が低いというのは、ミラーニューロンが働いていないと考えていいんですか？

中野　うーん、そう言ってもいいんでしょうか？

鴻上　必ずしもイコールではないという感じですね。こういう状況になったら、共感性が低いという研究はあったりしますか？

中野　共感性の定義をある程度しっかりする必要があると思います。というのは、共感性を担保する脳の領域というのが、実は一カ所だけではないんです。

共感能力は三つの能力が複雑に絡み合う

中野　鴻上さんが仰《おっしゃ》ったようなミラーニューロン的な部分で共感性を左右するのは、おそらく眼窩《がんか》前頭皮質《ぜんとうひしつ》だろうと考えられていますけど、そこだけが機能していても共感能力が高いと実社会では見なされないかもしれない。

共感してはいても、共感性があるということを表現しないまま黙っていたら、共感性があるとは思ってもらえないでしょう。その場での会話の文脈を読み、発信を適切にする必要があります。文脈を読む領域と、共感性の領域はかなり離れていて、文脈を読む領域は側頭葉の一部。言語野の一部でもあるんですが、嘘をつく能力とも関係があります。

この二つの他にもう一つ、前頭前野《ぜんとうぜんや》の外側の領域にある部分で、この人はこれをこう評価している、この集団の人はこういうもので動かされるはずだなどの情報を極めて冷たく処理できる冷たい知性というか、冷たい共感性の領域があるんです。例えばある作品の作り手の人で、現実では、他人の涙を見たところで全然涙を流さないタイプであっても、人を泣かせる作品を生み出すことができる。情報処理のパズルを解くように他人の感情や共感性をハックして、自分の心は全く動いていないのに、めちゃめちゃヒットを飛ばすような（笑）。

鴻上　映画監督でも、人間をじっくり描くことにはなんの興味もなくて、ただCGを使って物語を作ることにはすごく興味があると思われる人がいて、実は、そういう人が撮った映画のほうがヒットしたりするんですよね。共感能力が高いと、この登場人物の事情も語らせてあげるべきだと思っちゃうんだけど、そんなことよりも物語をささっと運んであげたほうが作品としてシャープになって、大勢が喜ぶ。共感能力があればいいってものではないんですよね。

中野　この作品を作った人はきっと「いい」人なんだろうと思われたら、もうその作品は成功とは遠くなってしまっているのかもしれません。ある程度、サイコパス性がある監督の作品のほうが、エンタメとしては成績がいいというのはよくわかります。

共感能力の機能は麻痺させられやすい

鴻上　「なんでそんなことを言えちゃうんだろう」とか、「どうしてそういう行動をするんだろう」という人と出会った時に、単に冷たい、とか悪魔のような人と判断するんじゃなくて、共感能力が高い人と低い人がいるということを知っているだけでも違いますね。

中野 そうですね。ただ、たまたま共感能力が低くなってしまう状況というのもあります。前頭前野は、お酒を飲むだけでも、機能が麻痺させられやすい場所なんです。

また、興味深い実験があって、男性がビキニの女性を性的対象として見る時には、ビキニの女性のことは、人ではなくモノとして、脳内で処理されているというんです。痛い目に遭わせても痛いと思わないだろうと自動的に処理してしまう。悲しいことですが、もしかしたら、子孫を残す上では有利な形質だったのかもしれない。

鴻上 ビキニの女性を見て、例えば、彼女の人生とか彼女の両親とかは考えないということですね。

中野 それを考え始めると、迅速な行為に移せないというわけです。

鴻上 共感性が増すほうのミラーニューロンに関しても、研究が続いていて、どういう時にミラーニューロンが活発に発火し、どういう時に発火しなくなるのか、わかっていくといいですね。

中野 発火する、ある程度の条件というのはわかっていて、危機が迫っている時。

鴻上 自分に？

中野 自分「たち」にですね。震災や大規模な感染症とか危機的な状況の場合です。

鴻上 そうですか。「気候変動」も危機ですよね。日本もここ数年、夏に35度を超す日をたくさん経験したことで、さすがにこれはしゃれにならないなあと、ミラーニューロンが発火して、地球そのものを考えるようになっていると感じますね。

中野 目に見える緊急の危機でないと、というのはありますが。人間は、自分達が思っているほど、頭もよくないですし、想像力もそんなにないんですよ。オキシトシンが働いていて、相手に感情移入している時にも、ミラーニューロンは発火します。

鴻上 確かに感情移入している相手の悲しむことは、自分も悲しいですもんね。でも、感情移入していない赤の他人でも、なにか悲惨な目に遭っているのを見ると、ミラーニューロンが発火して、痛みを感じるようになるでしょう？

中野 より強く感じるのは身内の方で、自分の親しい人と、そうじゃない人だと痛みの感じ方が違ってきます。

鴻上　同じアジア人のことだと認識的な身内として、痛みを感じたりすることもありますもんね。しかし、ミラーニューロンに関しては、まだまだわからないことも多いそうですね。錦の御旗《みはた》で、今、ミラーニューロンだけでコミュニケーションを語るのは、時期尚早かもしれません。

論破はディベート文化の間違った解釈

鴻上　今は共感能力があるほうが生きる上で大切だと思われていますが、一方で、共感能力がない人は、「論破王」と言われることもあります。確かに共感能力がない人のほうが一文で相手に対して、勝利宣言はできますよね。

中野　海外の元首までなさった人に失礼かもしれませんけど、論破王的なトランプ元大統領も一定の支持がありましたね。

鴻上　論破というのは、相手とのコミュニケーションを切断することだとようやく気づいてきた人が増えてきたからいいですが、一時期はそれが目標みたいになっていました。

中野　論破することは、気持ちがいいことではあるんでしょうね。でも本当に有利な交渉とは100対0で勝つことではなくて、51対49で辛くも勝って相手に花を持たせつつ、恨みを残さないことです。49も抱えるというのは、けっこう負担もあって大変ですが、一番仕事を進めていく上ではコスパがいいんです。そういうことをやっていくのが私たちの知性でもあります。

けれど、49も抱えることに疲れた人が、100対0をやりたがるようにも思いますし、100対0をやって論破している人をエンタメ的に消費して見たがる気持ちもわかります。ただ、その論破している人達も実際には「本当は論破をすることはそんなに得ではない」と言っていますね。

鴻上　日本では海外のディベート文化が間違った翻訳をされてしまっているのも問題ですよね。ディベートに勝ち負けの要素はありますが、実は論破が目的じゃないんです。例えば安楽死を認めるか、認めないかをディベートした後、安楽死を認めなかった側が、立場を変えて安楽死を認める立場に回ってディベートをする。物ごとを多面的に見るために、意見を発するための仮の立場でしかないんだから、論破とは真逆なはずなんです。しかし、日本人は立場を変えることが不得手なので、日本的に誤解して、ディベートは論破しなきゃならないと思ってしまっているところがあります。

中野　さらに、ディベートでは常に勝たなきゃいけないと思っているんですよね。相手の主張の面白いところを取り入れようという姿勢があまり育っていないのは残念です。

鴻上　一般的に、ズバズバ切りこんでいく人は、格好良くて賢いという文脈で捉えられていますが、「いやいや、共感力がないだけじゃないの？」という考えで見たほうがいい場合も多いと思います。集団のボスだったトランプ元大統領でさえ、集団の身内に関しては圧倒的な共感力がありました。切り込むだけで、共感力が少ない人は、敵だけを作ると思いますね。

中野　もし日常生活で論破することが優位ならば、みんなが論破できるように進化しているわけでしょう？　そうなっていないということは、我々日本人はずっとあえて論破をしないほうを選んでいるんじゃ？

鴻上　ところが、昔、『「NO」と言える日本』（光文社）という本がはやった後、今までニコニコしているだけだった日本人のビジネスマンが、海外で率先してノーと言い出しちゃって100か0にしてしまったことがあったんです。51対49で残す形で勝つほうが、のちのちの交渉に優位なはずなのに。

中野　「本部に聞いてみます」と保留にする日本人と仕事をすると、なかなか進まないという人もいますが、それはやんわりとしたノーで、進めたくないということの意思表示だったりする。そういう曖昧なコミュニケーションをしてきた日本人が、形だけ欧米のまねをしてもうまくもっていくのは難しいですよね。

ベストでもベターでもワーストでもないワース

鴻上　日本人の場合、ベストな結論ではなくても、ベターを探せと言われることが多いと感じます。そのためか、お互いがｗｉｎ－ｗｉｎの関係になることが、とにかく目標とされがちです。

でもベターでもなく、悪いほうの結論であっても、少なくとも最悪、ワーストではないところに着地するなら、全然構わない時ってありますよね。お互いが同じ分量だけ我慢をして、同じぶんだけ引いていて、お互いワーストではなく、ワーストな結論というのがあると思うんです。

中野　でも、はっきりさせなかったことで、その後の納得ができたり、関係を大事にできたりする時もありますよね？

鴻上　演劇プロデューサーの知り合いには、スタッフのこの人もあの人も不満を言っていて、とにかくその場で結論を出さなきゃいけない時に、時間が経てばなんとかなるからと言う人がいたりします。

確かに不満を言うことが目的の人もいますから、言ったことで納得する場合もあります。しかし、不満を言って何も解決しない場合は納得しない人も間違いなくいるんです。だから、ベターな解決方法がない場合、当事者同士がワースでもお互いがマイナスを引き受ける結論を出した方がいいと思うんですよ。

中野　そんな場面によく使われて、しかも英語に訳しにくい日本語の言葉の一つに、「そこをなんとか」がありますよね。

鴻上　そもそも英語には「そこをなんとか」みたいな言葉がないですものね。

中野　そうなんです、ないんですよ。でも日本だとけっこう使われる言葉で、とても日本的。でも、西洋的な価値観でこれだけ破綻してきている世の中ですし、日本を何の吟味もせずただ米国やヨーロッパに合わせようという論には疑義があります。

言葉は通じないのが当たり前

中野　自分は日本で育ち、長く住んできましたから、日本で暮らすのがいいなとやはり思います。閉塞感があると思うことも、難しいと思うこともしばしばですけど、自分なりのやり過ごし方を見つけたいなと思うんですよね。

鴻上　そもそも、日本的、西洋的という以前に、本人がどう感じているか、苦しんでいる度合いが大きいかどうかが大事なことですよね。

体育会系の絆が一番で、いつも集団を作っているのが大好きな人たちがいて、構成員の誰もそれに重圧を感じていなかったり、負担になったりしていなければ、それはありだと思います。でも誰かがすごく無理をしていて、その「同調圧力」の強さに悲鳴を上げているなら、そのままじゃいけないんです。

中野　日本人は欧米との比較が好きすぎるところがあって、ちょっと辟易《へきえき》してしまうこともありますが、敢えてそれを承知でいうと、欧米人のコミュニケーションのいいところは、はっきり言っても怒られないことかな？　コミュニケーション自体は日本人のほうがハイコンテクストな分丁寧で輻奏《ふくそう》的でもあるし、洗練されている部分があります。欧米の国の多くは、移民排斥運動も激しいし、離婚率も日本より高く、治安も悪い。欧米のコミュニケーションをまねしろ、という論はいつもあるのですが、無理にやってもあまりメリットはない気がします。

私が海外の研究所に行って学んだことは、そもそも言葉は通じないもので、通じないのが当たり前と思っておくほうがいいということ。日本人同士でも通じるようで、通じないことってありますよね。考え方も違うし、単純に「コーヒー」という言葉からイメージするものも、フランス風の濃い味なのか、アメリカンなのか、熱いのかほどよくさめているのか、全く違っていることがある。それでいて、何かが通じ合って、コミュニケーションを取れてしまっているというのも結構面白いことだし、そんな中で気持ちがもし通い合うことが一瞬でもあったら、本当に素敵で、美しい瞬間だなと思うんです。

第2章
ジェンダーの呪い

女の子は成績がいいことにインセンティブがない

鴻上　残念ながらコロナの影響で中止になってしまったんですけど、２０２０年に公演予定だった「スクール・オブ・ロック」というミュージカルの演出をすることになって、小学四年生から中学一年生の子を二千人弱オーディションしたんです。

この作品はブロードウェイのミュージカルや映画にもなっていて、売れないロックバンドのヴォーカリストが、教師になりすまして、エリート小学校で教えることになって、勉強なんていらないから、ロックやろうぜ！　みたいな話なんですが、オーディションを受けに来た女の子の中に、ベースをがんがんに弾ける子がたくさんいて、すごく素敵でした。その瞬間、この国の未来をちょっと信じてもいいかなって思いましたね。

中野　えっ！　すごい！

鴻上　でも悲しいことに、楽器が上手ければ上手いほど、楽器しかやってこなかったから、そういう女の子は演技力がゼロなのね。結果的には、演奏技術と演技力のバランスを見ながら男の子半分、女の子半分の2チーム計24人を選んだんです。

いざ稽古を始めると、同じ年齢でも女の子のほうが仕切っていて、賢いし、責任感もある。演技指導しても、食らいついてくるのはみんな女の子なんです。男の子達はあっち向いたりこっち向いたりしてなかなか集中しなくて、つい「女の子のことを見習って物を考えよう」って言っちゃうくらい（笑）。

すでに小六前後の時点で、明らかに男女の能力差があるのに、日本ではジェンダーギャップランキングが２０２２年には１４６カ国中１１６位です。こんなに優れた女の子達に接するたびに、なぜ日本では最終的に男社会になっていくのかが不思議で仕方がないです。

中野　女の子にとっては、成績がいいことにインセンティブがないからですね。「ステレオタイプ・スレット」と言うんですが、「〇〇ってこうだよね」というパブリックイメージにひっぱられて、自分の能力を無意識的に制限してしまう現象のことです。

例えば、能力が高かった黒人が、ある時を境に成績が下がってしまうことがあって、それはどんなに頑張っても、「黒人は白人より能力が劣るに違いない」と周囲に思われてしまうだろうと落胆させられ続けることによって、能力を磨いて発揮するインセンティブがなくなってしまうために起こります。

日本では、性別によってステレオタイプ・スレットが起こる例が見られるんです。特に、中学校後半くらいから高校にかけては「女の子『なのに』数学がよくできるんだね」などと言われて、「ああ、女は数学できないものなんだな」と刷り込みが起こる。そもそも成績のいい女の子は、スクールカーストの一番上というわけでもなくむしろ下位に属していますしね。

鴻上　中野さんも、下だったんですか？

中野　私は外れ値だから、カーストの中にそもそもいないはぐれ猿みたいでした（笑）。

鴻上　カーストからもはじき飛ばされていたということですか。

中野　そういうことになりますよね。だから、自分はゲイなんだとか秘密のうちあけ話を私にしに来る人がいるんですよ。王様の耳はロバの耳の「穴」みたいな存在でしょうか。そこそこ成績のいい子がカーストの真ん中で、一番上にいるのは、成績がそこまでよくなくて、ヤンキーとつるめるようなモテる子。

鴻上　「流行に敏感なおしゃれさん」ですね。

中野　カーストの上の子達にとって、早く男の子と付き合って結婚することが大事になってくると、最下層にいる地味な子達まで、勉強を頑張ろうというインセンティブがなくなってしまう。女の子はモテて早く結婚して子供を産むほうが素晴らしいという刷り込みがあるので、その刷り込みによって意識的ではなくても、勉強しなくなり成績は落ちていきます。

鴻上 どうしてそんな刷り込みがあるんでしょうね。

中野 たくさんの要因がありますね。

鴻上 文化的にもいろいろな要因があるとはいえ、小学六年生の子供達を見ていると、男女の能力差に本当に驚くんです。女の子がこの能力を伸ばせないのは本当に残念だと思います。

中野さんは、はぐれ猿であったことは、勉強するモチベーションにはなったんですか？

中野 中野さんは勉強しかやることなかったんですよ。人と話しているよりも勉強のほうが面白かったですし、例えば、柱状節理の美しさについて話すと、みんな、引く…みたいな。

鴻上 ああ、わかりました。昔、高校の同じクラスの女の子が「あー」って色っぽい声を出してたから「どうしたの?」って聞いたら、数学の難問が解けたって（笑）。その声の艶っぽさと数学が全く結びつかなかったですね。

中野　わかる（笑）。この人とは話が通じないんだなとみんなに思われてる感じです。なかなか痛い。

鴻上　中野さんは美人でスタイルもいいから、カーストの圧力から逃れられたんじゃないかな。自分が上に上がれない時、上にいる人を下ろそうとするのは珍しくないでしょう。自分を上げるのはしんどいから、つい楽なほうを選択する。何か下ろせることを見つけて、相手を下げることで、相対的に自分を上げようとする傾向が人間にはありますからね。

中野　女の人にされることはなくて、男性にアラを探されることが多いんですよね。

鴻上　それは自信のない男達が多いからでしょう。

中野　みんな、もっと自信を持ってほしいです。主として私のために（笑）。

親の言葉を子供はそのままコピーする

中野　男の子のほうが理数系が得意と言われていますが、あれ間違いなんですよね。男の子は理数系「しか」できない。女の子は理数系も社会も満遍なくできる、というのが現在の研究者達の見解です。

鴻上　統計的に、そういうデータがあるんですね。

中野　そうですね。理数系は男の子の方が得意という刷り込みもありますから、男性も必死になるのかもしれませんけどね…。

鴻上　親が言っている言葉を子供はそのままコピーしますから、上の世代が受けた刷り込みを、世代間で繰り返してしまうんでしょうね。

　タリバンがアフガニスタンを制圧する前、女の子達が楽しそうに街頭で歌を歌っていたら、一人の少年が「女はそんなことはするべきじゃない」と、それが普通のことのように喋っていたニュースを見たことがあります。

中野　こないだ私もある合宿で先頭を歩いていたら、小学生の男の子に「どうして女の人が前を歩いてるの？」と言われて、現代でも女の人は先頭を歩くべきでない、なんて子供が言うのか、とびっくりしました。

鴻上　子供は親の鎧を着ているわけだから、きっとそういうことを言う親だったんじゃないですか？

僕も親の鎧を着ていた時期があって、25歳くらいの時かなあ、当時は作家の猪瀬直樹《いのせなおき》さんと対談でいろいろな職業全般について話をしたことがあったんです。2時間くらい話した後に、猪瀬さんが「鴻上君の親は教師なの？」とぽろっと言ったんですよ。そんなこと一言も言ってなかったのに。「どうしてそう思うんですか？」と聞くと、教師に対してだけ厳しかったからって。

中野　観察されていたんですね。

鴻上　実際そのとおりで僕の両親は小学校の教師。あの当時、教師はブラックという意識なんてなかったですから、朝早くから夜遅くまで学校にいて、土日もないのは当たり前で、僕の授業参観や卒業式、入学式にも来てもらったことがなかった。父親はさらにクラスの様子を生徒や親とシェアする学級通信を毎週一回出していました。だから、教師とはそういうものだと刷り込まれていました。だから厳しくなっちゃったんでしょうね。猪瀬さんにそう言われて、20代半ばにもなって、僕はまだ親の鎧を着ていたのかと、愕然《がくぜん》としました。でも、もし猪瀬さんに何も言われてなかったら、30代になってもまだ着続けていた可能性があります。

中野　なんなら40歳くらいまで、続いていたかもしれないですよね。

鴻上　ほんとうにそうで、子供は親からの価値観を無意識に背負うものだと思います。あの時、猪瀬さんに親のことを言われたことは、すごく感謝しています。

男の人にもあるジェンダーの呪い

鴻上　一応男として言っておくと、男は強くあれとか、社会的地位を獲得するべきであるという呪いの言葉もあります。

中野　男性にも呪いがあるんですね。

鴻上　「女が前を歩いていいの？」という言葉と同じくらい、例えば、初めてのデートの時には、日本人の男性は、自分がリードしなくちゃいけないと思っています。誰に言われたんだって聞かれても、誰に言われたんだろうなと思うくらい自然にほとんどの男達は、今日は自分がプランを決めなくちゃいけないと構えているんですよ。

中野　予約で失敗されるくらいなら、むしろ私がやりますって思いますけど（笑）。

鴻上　僕が司会をしているNHKBS1の「COOL JAPAN」という番組で、男女の交際をテーマにした時、欧米の人たちはデートのプランニングをせずに、例えば渋谷駅で待ち合わせをしたら、そこからぶらぶらと歩き始めるって言うんです。

中野　いいですね。

鴻上　日本人の女の子と欧米の男の子にデートをしてもらったら、女の子は最初「どこに行くんだろう」と思ってるんだけど、男の子はノープランでただ歩くだけ。そのうち「これがこの人のデートなんだな」と気づく。一緒にそのビデオを見ていたアメリカ人もヨーロッパ人もみんなそうそうと納得していて、目についたお店に入ったり、公園に行ったりするのが彼らの中でのデートなんです。

ついでに言うと、飲むときはその日に電話するって言うんです。つまり、基本的にノープランが前提なんです。

中野　私もどちらかというと、そのタイプが気楽でいいですね。または、私が決めたプランを楽しんでくれるというのもいい。

鴻上　でも日本人の男性は、プランを作らないといけないという刷り込みがある人が多くて、その裏返しから女性にマウントを取ろうとしてしまうんだと思います。

中野 そんなに男の人は緊張して生きていかないといけないんですか。筋肉があることだとか、体力があって粘り強いとか、こちらは尊敬していることもたくさんあるのに。車を洗ってくれるとか、力があるのはいいなあと思いますよ。

鴻上 そうやって男性を素直に評価できるのは、自分に自信があるからじゃないですか？

中野 自分にはできることと、できないことがありますから。

鴻上 自分にできることと、できないことがきちんと見えていると、他人を評価できるのかもしれないですね。自分の評価が安定している中野さんだから、ステレオタイプ・スレットに苦しむ女性達に、「そんなに苦しまなくていいよ」と言うのと同時に、男性達にも「そんなに頑張ってマウント取らなくてもいいよ」と言えるんじゃないですか。

中野 もともと男性もいろいろなことができるのだから、いいんじゃないのかなあ。

鴻上 もともとできるからいいというのは、できない人には響かないと思うんですよ。男性は体力があるといっても、できる人は体育会系のエリート。男性ならオーディオの配線ができるって言いますけど、僕なんて、引っ越し前に録画していたものが全然見られなくなったんですよ（笑）。理系でも体育会系でもなくて、ガジェット系も詳しくない男性はたくさんいますし、専門分野がない仕事で頑張ってきたサラリーマンの中には、これ！と挙げられない人もいる。

以前クレーマーの芝居を書くためにいろいろと調べていた時に、毎日デパートに来ては、陳列のことに文句を言って、最後は出禁になった男性がいて、実は別のデパートの元重役だったというケースを知りました。定年退職した後、寂しさに耐えきれなくていろいろなデパートを回っては、陳列のまずさにクレームを言っていたんですが、彼には「重役」という肩書きを取ったら何も残らないから、そうなってしまったんでしょう。

中野　確かに現代は「拠って立つもの」が見つけにくい時代なのかもしれないですね。男の人のほうが呪いにかかっていて辛い部分もあるのかな。

危機的状態だと集団性の価値が上がる

鴻上　でも呪いにかかっているからといって、他を引きずり下ろしていいわけではないです。女性のステレオタイプ・スレットの呪いも、男版の男は強くあれ、リーダーであれといった呪いも、同じくらい強いのかもしれないですね。

中野　お互いに、男だから、女だからこうであれ、という呪いから徐々に解放されつつあるんだと信じたいです。

鴻上　世界の潮流としては、ＬＧＢＴＱや選択的夫婦別姓、同性婚の問題などは、個人の尊厳や自由を認める方向に絶対に向かってるとは思っています。けれど、流れに逆行するバックラッシュも目につきます。日本では、特に校則は厳しくなっていると感じます。

僕が高校生だった頃には、この先20年くらい経ったら、校則はどんどん緩くなって、みんな好きな髪色、髪型で、服装検査なんていう愚かなことがなくなると想像していましたが、いまだに多くの中学・高校で地毛の色の証明書を出させていたりします。思考停止をずっと続けているのは、大人の責任です。

中野　バブル時代やバブルの残り香があった頃の方がかえって、自由だったかもしれませんね。校則がありつつも真面目な子ですら、スカートを短くしたり、カスタマイズして、何も工夫しようとしない子をダサいと思っていましたよね。

鴻上　右肩上がりが信じられていた時代だったから、日本人全体がある種、ポジティブでオプティミスムでいられたんですね。でも右肩上がりなんてないとわかり始めてから、ネガティブで瑣末《さまつ》主義な方向に向かっていて、お互いの差異を見つけては攻撃していくことを生きがいにする傾向が生まれました。

中野　危機的な状態になると、集団性の価値がより上がって守り合う必要が出てきて、新しいことをする人は悪になってしまうんです。今は、若い子のほうが空気を読んでいますし、専業主婦になりたいという子も多いと聞きます。

鴻上　若い子にインタビューすると、同性婚や選択的夫婦別姓は認めていいという声が高いのに、実は自民党の支持率がとても高いんです。不思議なことに、選択的夫婦別姓も同性婚も推進していない与党を支持しているんです。

中野　現状維持バイアスにかかっている、とみることもできるかもしれません。

間違った形のコミュニケーション

鴻上　僕が『ＡＥＲＡ』でやっている人生相談の質問者の中には、夫は何を言っても聞かない人で、通じないから無駄だと断定してしまっている女性が多くいます。経験値的な推測しかできませんが、その判断はどこから出てきたのかと考えると、その女性達の母親は何を言っても聞かない親だったんじゃないかと思うんです。何を言っても変わらないことを母との関係から、つまりコミュニケーションの根本の形を学んでしまったんじゃないか。

中野 たぶん、母親は聞いたふうにして「わかった」とは言うんだけれど、実際は何も変わらなかった経験をその女性達は脳内で反芻しているのでは？　学習性無力感という現象がありますけど、出て行こうとする時に毎回罰を与えると、檻からもう出ていっていいよと言って扉を開放しても、ついに、自分から出ていくことができなくなるんです。

鴻上 20時だった門限が、親とぶつかっていくうちに21時になり、高校になったら門限がなくなるような、交渉していくことで、しんどくても未来を切り開いた経験をした女の子と、何があっても大学生でも門限が22時という女の子とでは、その先の人生がかなり違ってくると思うんです。

中野 男性からすると、後者の女性は操りやすいと見なされて、モテるでしょうけどね。

鴻上 自分に自信のない男からするとね。

中野 一見、賢そうに見えたり、ご自身を「賢い」と自認していらっしゃる男性でも、結構そういう傾向ありますよ（笑）。まあ、ふわっとモテるということに、実はあまり価値はなくて、自分の選んだ相手から大切に思ってもらえるかどうかが大事なわけですけど…。

鴻上　中野さんが発言を続けることは、この国のいわゆるステレオタイプ・スレットの影響を薄めることに繋がるでしょうね。

中野　チャラチャラとテレビに出たりして、あんまりカタギの学者に見えない私が、意外とちゃんとしたことを言うと、間接的に女の子達の希望になってくれるかなとは思うんです。自分の言いたいことを言ってもいいし、学問をやってもいいんだと、女の子達にもっと感じてほしい。中野でもあれくらいできるのだから、私も、とね。

鴻上　上野千鶴子さんが中高生向けの新書『女の子はどう生きるか』（岩波ジュニア新書）という本で、「女の子はかわいくなくてはいけませんか？」という根本的な質問にまで答えられていました。そういった本や、中野さんの活躍は、悩んでいる小中高の女の子には希望になりますね。

中野　女の子は勉強ができてもちゃんとモテるし結婚できますからね！　まあ今は結婚がインセンティブになるような時代じゃないですけど。

鴻上　でも、人間はそんなにすぐには変わらないという部分もあるので、だれかを引きずり下ろすためのファクターを探す傾向もあるでしょう。

僕も昔、初めてテレビに出て一生懸命喋っていた時に、髪型が変とか、服がださいとか、僕が話していることと全く関係ないことを言われて衝撃を受けたことがあります。内容への反論なら、全然、ＯＫなんですが（笑）。何にも反論できない時は、とにかく外見を指摘すればいいと思っている人がいるんだと知りました。服がダサいこいつの言うことは聞く必要がないっていう反論ですね。

中野　私も似たようなことを言われますよ。発言の中身は吟味されず、「子供も産んでいない女のいうことなんて」とか。今まで頭の悪い人に言われてきたことを何度も繰り返し何人もの人に言われて、私の人生ずっとこうだなあと思っています。

でもそういうアラを完全に封じていくと、今度はなんて言われるか知ってますか？「色仕掛けもいい加減にしろ」とか「誰と寝てるの？」って言われるんですよ。

鴻上　それはすごいですね。男性でもイケメン君の中には、周りのプレッシャーから生き延びるために、自分を過剰に笑いに持っていって、ひょうきんな道を選ぶ人がいます。痛ましく感じることがあります。

中野　わかりやすい餌を用意しておいてあげないと、生贄にされて殺されてしまう。祝祭では誰が一番生贄に捧げられてこられたかというと、きれいで若い処女で、一番妬みを買う人が生贄になる。

鴻上　生贄を与えておくと、メカニズム的に集団がまとまりやすいですからね。

中野　「生贄」をめぐる鴻上さんの考察の鋭さと深さ、高校生だった頃スクリプトを読んですごく刺さりました。

団結のための団結は無意味

鴻上　フェミニスト側から中野さんに何かアプローチはあるんですか？

中野　フェミニストには流派がいろいろあるようなので、いまだに勉強中なんです。

鴻上　さまざまな精神運動や党派的な活動と繫がっていく場合もありますから、複雑でしょうね。

中野　学者はアクティビストであるべきという考え方と、学者は観察者であるべきという考え方の両方があるかなと思います。自然科学者としての態度を重視すれば、アクティビストの方を心情的に応援することはあっても、自分自身がそういう活動に参画する情熱を持つまでに至ることは難しいかなと思っています。

鴻上　アクティビストの方は、気をつけないと、闘い方の選択肢が狭くなる場合があると感じます。いろいろな闘い方があっていいはずで、この闘い方しかないって決められちゃうと、僕の闘い方は違うんですよって思いますね。

中野　さすがに、演劇の方から出てくる言葉は、面白いですね（笑）。

鴻上　どの流派も、見つめている方向は真逆ではないし、そんなに違ってはいないはずなのに、多種多様な闘い方を一つに決めてしまうことは、かえって闘いを痩せ細らせると感じます。

中野　いわゆる内ゲバ状態になるのは誰にとっても基本的には望ましくないはずですし、肉弾戦や接近戦で刀でばっと切る人と、ミサイルを作るという人、戦略のグランドデザインを作る人と、多様であってもいいと思うんですよね。

鴻上　僕は22歳で劇団を作るときに、僕の前の世代、学生運動の内ゲバを胸に刻んだんです。味方を団結させるためには、敵を作ればいい。それも遠い国家権力ではなくて、対立党派という身近な敵を作ることで集団をまとめることができる。ただし、その方法を使うとどんどんと袋小路に入ってしまって、結果的に組織を腐らせてしまうと思ったんです。

劇団運営をしていて、みんなが別々の方向を向いてると思った時には、どこかの対立する劇団の名前を挙げて、あいつらに負けないようにしようとか、内部に敵を作ってまとめるなんていうのは簡単なんだけど、その方法には未来がないと考えたんです。

僕ら日本人はうかうかすると絆だとか心をひとつにとか言って、団結のための団結を目的にしてしまう傾向があると思いますから。

中野　少なくとも合目的的ではないですね。私はわりと嫌いです。

鴻上　昔、劇作家のつかこうへいさんが、劇団員は「欠点は一つだけ認める」と仰っていたんです。集団でやっていくためにつかさんが作ったルールなんですが、時間にルーズな奴はそれだけは許して、ケチな奴はそれだけは許す。でも、例えば二つ、人の悪口ばっかり言って、時間にルーズな奴は許さない。

集団を形成する時に、みんないい子じゃないといけないと教えられてきましたが、一つは許そうというのは、実に実践的だと思いました。

中野　面白い方法ですね。結果をトレースしてみたいです。

グループを形成するほうが快感

鴻上　脳科学的には団結を好むタイプの人には、何が多いとか少ないとかあるんでしょうか？

中野　可能性が高いのは、オキシトシンでしょうね。絆で結ばれた状態が無条件で心地良いというタイプですが、オキシトシンの刺激を好む人でしょう。

鴻上　幸せホルモンとも呼ばれるオキシトシンが、普段からたくさん分泌されているということですか？

中野　反対かもしれません。オキシトシンがいつも足りない、もっと欲しい人。愛情や絆をいつも求めていて、心の底では不安で不安定な人かもしれないなと思います。

鴻上　オキシトシンは女性のほうが少ないと、一般的には言われていますか？

中野　言われてますかね？　女性のオキシトシン分泌量は少ないとはいえませんが、そのぶんオキシトシン受容体も多いと考えられ、十分な刺激が入るためには、オキシトシンが相対的に足りないということは起こるかもしれない。

鴻上　さっき中野さんが仰っていたように、握手して接触したり、みんなと同じ空間にいると、脳内にオキシトシンが分泌されるということは、動物としての人間は、常にグループを形成することを快感だと思うように設計されているんでしょうか？

中野　そういうことになりますよね。哺乳類はだいたい群れた方が安全ですから、その仕組みを持っているんです。けれど、社会的複雑性が高い人間の場合、この仕組みを使うと、時には、あまりにも行きすぎてしまうことがあるんです。オキシトシンにより集団の関係が強化され、その集団を守るための規範意識が高まっていく。ここまでは、望ましいことでしょう。

しかしその結果、集団内に目立った人がいると、「私たちの集団を壊す人がいる」と不安に駆られたり、その人をバッシングしたくなる衝動が湧きます。これが実行に移され、過激化すると、制裁を加えたり排除したりしてしまうんですよ。

鴻上　そこは裏表なわけですね。団結や絆が嫌いで、群れたくないタイプの人達は、オキシトシンが足りているということですか？

中野　オキシトシンによる影響の出方には四種類ほどパターンがあって、安定している人は友達といれば楽しいし、いなくなっても何か事情があるんだなと思えるタイプ。

もう一つは、いわば「しがみつき」型。絆を異様に求めるタイプで、そばにいないと死んでやると言ったり、集団にいないと不安でしかたなくなったり。その反対のような回避型は、群れることを嫌って、誰とも深く関わらずに傷つくことを避けるタイプ。

最後に混乱型といって、「しがみつき」型と回避型がまぜこぜになったやっかいなタイプ。

鴻上　それは恋愛で選んじゃいけないタイプですね。ものすごくめんどくさい（笑）。

中野　大変ですね。結婚には向かないかもしれません。

鴻上　よっぽど相手の器が大きくないといけないですね。群れるのが嫌で一人でいいという場合は、オキシトシンが足らなくても平気だということですか？

中野　足らなくても平気なようですね。で、人から絆が大切とか言われると足を引っ張られると感じたり、クリアな思考を鈍らせるような気がして嫌になる、というような。

鴻上　多くの人達は、オキシトシンに振り回されないで、ニュートラルに接していけるんですか？

中野　おおよその見積もりでは、６割が安定型の人達だと言われていますが、私はそんなにいないような気がしています。

鴻上　絆を求める側の人のほうが多いような気がして、そちらが６割と言われたほうが納得しますね。

中野　日本で行われた研究が基になった理論ではないので、日本できちっと測り直したら変わるかもしれないですね。

鴻上　それはどうやって測定するんですか？

中野　まず行動実験を行って、どんなふるまいを実際にしているのかについて検討します。それから脳内のオキシトシンレセプターの密度を測る。さらにオキシトシンの分泌量を…、という…。気合いがいります。

鴻上　けっこう大掛かりで大変ですね。でもどこかの研究室がやってくれたほうがいいですね。

中野　資金も労力も時間もかかります。でもどこかがちゃんとやってくれたら面白いなあとは思います。

鴻上　そういうところに充分な税金が投入されるといいですね。基盤的な研究予算に。

第3章

学校が作り出す
ぎこちないコミュニケーション

枠組みを疑う訓練をしていない

鴻上　この40年間、芝居を創りながら、ずっと二十歳前後の人と付き合ってきました。まあ、40年前は自分も若者でしたが、ここ最近よく聞くようになったのは、「そんなことをしていいんですか？」という言葉なんです。例えば、東京の狭い劇場でやる時は、小道具の場所を決めて荷物を詰めて置きますが、劇場が広い地方公演だったら、ゆったりと置ければいいはずなのに、彼らはわざわざ狭いところと同じように置くんです。狭いところでどう置くかという知恵はすごいんですが、こんなに広いんだからゆったり使うという発想がなくて、「全部使おうよ」と僕が言うと、「え、そんなことしていいんですか？」と言うんですよね。

中野　それは面白いですね。

鴻上　決められた枠組みの中で知恵を使うことはスキルアップしていますが、枠組み全体を疑うという訓練を全くしていない結果だと思うんです。「許されたこと」しかしちゃいけないと思い込んでいて、何が許されることなのか、というところからしか考えをスタートしない。枠組みや、構造そのものを疑うという考えがないんです。

中野 ある推理小説で、誰にも見破れないほど、上手くお金持ちのふりをしている人が、探偵に見破られるシーンがあって、探偵はその人が部屋の中を歩く時に、ある一定の範囲内しか歩いていないことに気づくんです。「この人物はこの大きさの部屋に慣れていない。もともとは、この歩いている範囲程度の狭い部屋に長いことといたに違いない」と。まさにそういう感じで、自分の空間はここまでしかないと思ってしまうんでしょうね。

鴻上 枠組みを疑う、前提を問い直すという教育がなかったということに、絶望しちゃいけないんですが、暗澹《あんたん》たる気持ちになります。

中野 「疑わないこと」が「いい子」として評価されるための一要素であったりもしますからね。

鴻上 教育そのものが枠組みを疑わせない構図になってますよね。校則でいうと、枠組みを疑って、ツーブロックという髪形が禁止になっている理由を聞く生徒が現れると、学校側は、「高校生らしくない」と答える。「高校生らしくない」とは何かと聞くと、「高校生らしくないことは高校生らしくない」と繰り返す。さらに「高校生らしくないとどうしてだめなのか」と理由を問うたら、ある教育委員会では、「因縁をつけられて危険な目に遭うかもしれないから」と答えていました。でもそれは実際、街に行って調べたものなのか？サザエさんに出てくるタラちゃんだってツーブロックなわけで、タラちゃんは危険を感じているのか？　っていう（笑）。枠組みを聞かれたら答弁できないことの上に、校則は成り立っているんです。

中野　ツーブロック禁止というのは、今、初めて知りました。驚いた。なぜ？　理由が判然としません。もしかして黒マスクはダメというのもありますか？

鴻上　みんながマスクをつけるようになったときに北海道の学校で華美なマスクは禁止されたことがありました。コロナ禍でマスクが品薄だったこともあって、手作りの布マスクの必要が生まれたんです。でも、大バッシングが起きました。白マスクを切らしてしまって、家に華美なマスクしかなかったら、学校に来るなということかと突っ込まれて、すぐに撤回されました。

中野　ああ…。

鴻上　あの頃は不織布のマスクがメインではなかったので、お母さんの手作りのかわいらしいマスクが問題になった学校はそれなりにありました。

中野　校則は、実際的なものもありますが、どちらかといえば、「守らせること」を重視して設計されていて、敢えてなのか理不尽に作られているように見えるものも多いですよね。法学者の方から、法のあり方が大まかに二種類に分かれると聞いたことがあります。ドイツ法の流れをくんだ細かく記述されている法律の体系と、ざっくりとしたガイドラインを示すのみで、寛容なようだけれど、守らずもし不利益があったら自己責任というオランダなどの法律体系。それが、日本にはモザイク状に入っているというんです。二種類の体系が混在していることで、日本では運用面で混乱が起こることがある、と。ゆえに、私刑的に、ローカルルールを守らない人が「みせしめ」のためにつるし上げられてしまう、という。

それこそ校則はローカルルールですが、学生の中でもローカルルールに疑問を感じる勢力と、守らせようとする勢力がある。しばしば、めったに起こらない害を強調することで、ルールを守らない者を「ルールを守らないから」というだけで、生贄に仕立てようとするような動きにも見えてしまうんです。

鴻上　法律がマダラ模様になった上に、日本人には「あえて言わなくてもいい」という阿《あ》吽《うん》の呼吸が一番美しいという考え方があったでしょう。それは価値観が多様化する前はよかったんですが、今は言わないと伝わらないだろうという局面がたくさんありますよね。

やるべき教育と教養として残しておく教育

鴻上　頭髪や服装検査、中間期末テストを廃止したり、いくつも学校内の改革をしたりしてきた元麹町《こうじまち》中学校の工藤勇一《くどうゆういち》校長（現横浜創英中学・高校校長）とお話しした時に、「鴻上さん、どこで一夜漬けを覚えましたか？」と聞かれたんです。僕もそうですが、おそらく日本中の人達が、広い範囲のテストをする中間期末テストのために、一夜漬けを覚えたんじゃないでしょうか。工藤さんは一夜漬けの勉強で競っても仕方ないと、三角関数が終わったら三角関数、二次関数が終わったら二次関数と範囲を狭めて単元ごとでテストするように変えたんです。工藤さんは、知識習得主義から学ぶ力や経験を通して身に着けた能力を大切にしています。

中野　素晴らしい方ですね。

鴻上　「文科省は、コンピューターのプログラミングやダンス、武道も学校でやらなくちゃいけないと、足してはくるけど引いてはくれない。やらなくてもいいことを決定しない」と工藤さんはぽろっと言っていました。これも必要、あれも必要と言われるんだけど、それと同時にこれはやらなくてもいいよと引いてもいいことを文科省が言ってくれないと、時間と能力には限界があるので、現場は対応できないですし、学校は悲鳴を上げています。

中野　私は、文科省の教育未来創造会議のメンバー（2022年まで）だったのですが、提案させていただきました。学校でやらなくてもいいというか、民間のサービスを活用した方が、速く効率的なシステムを構築できることも多い。

鴻上　ずっと前から、古文・漢文はいるのかという議論がありますよね。何かを足す時は比較的容易ですが、何かをなくそうとすると、当事者から強烈な反対が生まれますよね。でも、コンピューターのプログラミングをはじめ、いろんなものを足すんだから、どれかやめないと成立しないと思いますね。それを文科省は決める責任があるでしょう。

中野　しかし、現状、授業でやった古文・漢文なんて大多数の人は、かけらも残っていないでしょう。授業でやったはずの内容を私が話すとほとんどの人がびっくりしますよ。時間が有限なら、切るのは一番忘れられていて、使用頻度が低いところでしょう。どれを捨てるかといったら、反論の声は大きいでしょうけど、社会の中で裁量権の大きい政治家や起業家が、どれほどそこを重視してるんですか？　むしろないものとして扱われているのが実情です。そこは、「できる人の教養」だから、一般向けとしてはもう機能していないんですよ。

鴻上　僕が十年ほど前に『「空気」と「世間」』（講談社現代新書）という世間論の本を出した時に、一番敏感に反応をしたのが、学校と役所、銀行の人達でした。日本的な「世間」というのが、学校と役所、銀行、大企業にはまだ根強く残っていますからね。変化を嫌い、同じことを続けるという「所与性《しょよせい》」が特徴です。銀行と大企業は現実に合わせて変えていかないと潰れたり、統廃合されたりしてしまうので、さすがに変わってきた印象がありますが、学校と役所はほころびながらも続けてはいけるので、なかなか変われません。

中野　非常に個人的な考え方ですが、教育現場というのは、試験によく出るところとやらなくても点数に響かないところのバランスがすごく悪くて、私がやりたかった領域は、受験に出ないからといって省かれてしまいました。私は原子物理、近現代史、経済をやりたかったんです。

鴻上　経済は金融が入ってきましたけど、近現代史は間違いなく誰も手をつけないでしょうね。

中野　やりにくいですよね。

鴻上　やりにくいですが、腹くくったらできると思いますよ。

中野　6月23日は何の日だったかくらいは、知っておいてもらいたいですね。

鴻上　沖縄戦の日本軍による組織的戦闘が終結した日ですね。近現代史を授業でやるなら、「こういう考え方もこういう考え方もできます」というぎりぎりのアプローチでもいいと思うんです。

中野　昭和16年ってどんな年って言われても実感がわかないかもしれませんが、私たちが東京オリンピックを止められなかったのと同じことが起こった年だよって言って考えさせてみるのもありかもしれない。

鴻上　反対に、ただ事実を列記するだけで、こういうこととこういうことがあったというデータ主義でも意味はあると思いますね。

中野　解釈は自由なので、解釈を加えないで教えるのは賛成です。

鴻上　でも政府としては、アジア・太平洋戦争は侵略戦争だったと、閣議決定や政府答弁してるんですから、扱えると思うんですけどね。経済と近現代史は本当に大事ですが、原子物理は一般の人には賛同しにくいかな。

中野　いや、むしろこれこそ解釈なしで教えるべきですよ。解釈を加えずに、エネルギー効率、その計算法、何がどうして人体に影響するのか、半減期ってなんなのか、などなど原理とデータを淡々と教えるだけ。先生の解釈なんて、物理学者の水準からしたら素人の感想の域を出ないのですからそこを基準に教えるのは無駄でしょう？　生徒さんは、勝手に自分でポイントを見ると思いますよ。善と悪のポイントを。授業として成立すると思います。

根性論を言われるともう授業ではない

中野　子供の頃からスポーツができるタイプっていますよね。小学生の時に、消しゴムを投げ合って遊んだりしたと思いますけど、飛んでくる消しゴムの軌道が見えるとか。飛んでくる消しゴムを避けられる人は、もともと優れた身体能力があって、この軌道ならこれくらいずれれば当たらないのがわかるんですよね。

鴻上　スポーツマン系の人の中には、自分の身体能力が他人と比べてとても優れていることをわかっていない人がいて、努力すれば全員が例えば鉄棒の技ができると思っていたりしますよね。僕の中学生の時の体育の先生が、まさしくそういうタイプの人でした。鉄棒にぶら下がって両足で空を蹴り、反動で鉄棒の上に上半身を上げる「蹴上がり」という技のテストのために、僕は毎日一時間近く、手の皮が剝けて痛くなるまで練習しましたが、無理なものは無理なわけで。身体能力がある人はなんの練習もしないまま、テストでぴゅっと上がっちゃうんですよ。

中野　そういう人は、なんでもスイスイとできるんですよね。

鴻上　まだ体育の授業で、できないのは努力不足だと言ってしまう先生はいるんですかねえ。

中野　「できないことに挑戦するファイティングスピリッツのほうが、できるようになることよりも上」という根性論を言われてしまうと、それはもう授業ではないんじゃないかと思います。

鴻上　アメリカと日本の野球の違いで、アメリカ人は、フライが飛んできても間に合わないなら追いかけない、日本人は、間に合おうが間に合わなかろうが、全力で走るってよく言われますよね。日本人は欧米人に比べると体が小さく、身体能力的にも劣っている人が多いから、根性で乗り越えなきゃいけないと言われたりしますが、これは脳科学的には何なんでしょうか？

中野　自分が集団から排除されることへの恐怖の強さでしょうか。努力のポーズをして見せることが、自分を攻撃するなというメッセージになる。これこそ「同調圧力」のバリエーションのひとつです。

鴻上　僕が言っている「世間」のルールのひとつに同じ時間を過ごすことが、同じ「世間」の一員として見られるというのがあります。上司がいる間は帰りづらいとか、根回しがすんでいる会議を延々と続けるとか。それが「世間」の同調圧力に従うということなんです。

中野　日本人にとっての「仕事」は、仕事の内容自体ではなくて、共同体を守ることなんです。

鴻上　最近、ようやく大企業や銀行は、会社という強い共同体である「世間」を守るだけではだめだということに気づき始めたと思うんですが、気づき始めたものの、みんな、どうしたらいいのかわからないから、コミュニケーションの本が書店で山盛りになる。脳科学者の中野さんの話は、脳科学が全てを解決してくれるはずだと思っている人達の希望になるわけです。

中野　「脳科学に期待する」という脳機能の停止という…。

鴻上　昔、批評家の浅田彰さんが『構造と力』（勁草書房）というニューアカデミムズの本を出されて、ベストセラーになった時に、「どんな本も5万部を超えたら人生論として読まれる」と話されていたんですが、僕も『恋愛王』（角川文庫）という本が5万部を超えた頃から、ファンレターの質が変わってきたのを感じました。

中野　どんなふうに変わったんですか？

鴻上　それまでは文面から知性が匂うようなファンレターで、「恋愛は喜びももたらすけど、人を破壊させることもありますよね」といった、ある種の論理的な視点がありましたが、5万部を超えたあたりから「いい恋がしたいです。どうしたら素敵な恋が見つかりますか?」って（笑）。

義務教育がYouTubeに負けている

中野　身体性に話を戻すと、私は小学校の六年間だけ田舎の学校に通っていたんですが、本当に体育の授業が嫌いだったんです。まわりはみんな農家の子で、子供の頃から作業を手伝っていて、体ができている。すごく足も速いし、健康なんです。私だけなにもできなくて、体育の成績は2。苦手意識が身についてしまって、プールなんてやっと5メートル浮いているだけでした。

鴻上　農家の子が泳げるのは、あまり関係ないんじゃないですか?

中野　身体性があるから、やればすごく泳げるんですよ。学校ではあまり教えてももらえなかったですし。そのまま、泳げない子として大学院まで進学したんですが、大学にあるプールを活用するようにしてYouTubeを見ながら練習したら泳げるようになりました。直接教わるよりも、動画を見るほうが役に立つ。YouTubeに負ける義務教育って何だったんでしょうか。

鴻上　それは体育教育の敗北ですよね。

中野　そう、教育の敗北なんですよ。今となっては、私はスキューバダイビングが趣味。ダイブマスターのライセンスまで取りました。

鴻上　体育教育の失敗の大きな理由のひとつは、体育的に優れている人が体育系の大学に集まって、そこで体育的に優れている人達に囲まれて体育教育を受けていることだと僕は思いますね。

中野　できなかった人ができるようになったという経験が少ないんですかね。

鴻上　僕、中学校の時に、地上回転（前方倒立回転跳び）をとにかくやれ！　と言われて、勢いをつければいいんだと思ってやったら、足の指を骨折したんです。足が治った頃に、別の若い先生が初めて方法を論理的に教えてくれて、気がついたら、マットだけじゃなくて跳び箱の上にも手をついて、くるっと一回転して着地できるようになってたんです。その時は、こんなことがあるはずがないと思って、びっくりしました。

中野　私も初めてひとりで25メートル泳いだ時は、新しい神経回路ができた感じがして、嬉しかったですね。できないことはできるようになるんだという実感を持たせることもできず、根性論で子供をすり減らすような先生なら、やめさせたほうがいいでしょう。国賊ですよ。

鴻上　文科省も含めて、体育系エリートや偏差値エリートで最初からできた人が中心になって、カリキュラムを作るからそういうことになるんじゃないかな。

中野　みなさんいい方達ですが、もしかしたらできない人のことを見たことがない気が…。

鴻上　中野さんには「ＹｏｕＴｕｂｅに負ける教育って何？」と、教育未来創造会議だけじゃなくて、あちこちで言ってほしいですね。

日本の学校のクラスの人数の理想は30人

鴻上　一緒になにかをしようとするときも、人数が重要だったりしますよね。30年近く、僕が演劇のワークショップをやっていて肌で感じるのは、30人を超すとその集団は攻撃的になるということです。30人以下だと誰かがとちったりミスをしても、あたたかい笑いが起こりがちですが、30人を超すと、誰かがミスした時に冷ややかな視線が集まる。実際、今日は妙に硬いぞ？　と思って参加者を調べたら33人だったり、今回は温かい雰囲気だと思って数えたら28人だったり。だから日本の学校のクラスの人数の理想としてよく上がる30人学級というのはわりと嘘じゃないと思いますね。ヨーロッパのなんて一クラス20人。先生はすごく指導しやすいと思います。

中野　ある一定の人数を超すとアノニマス化して匿名性が増し、いわば「相転移」が起きるんですね。

鴻上　どうしてそうなってしまうのかが不思議なんですが、脳科学的にはなにか考えられますか？

中野　セロトニンかもしれませんね。セロトニンの量が増えると、もともと柔らかい緑の体を持っていたいなごが、遠くまで飛べるほど筋肉が強くなって、体の色まで変化します。結果、もう見た目からして別種の生物のようになって、大群で農作物を食い尽くすようにまでなってしまいます。そのセロトニンの量は個体の密度によって変わってくるんです。あくまで仮説ですが、もし人間が同じ仕組みをどこかに持っているとしたら、個体の密度がやはりある一定ラインを越すと、セロトニンが増加し攻撃性が増すんじゃないでしょうか。

鴻上　なるほど。先ほど例に挙げてた新左翼で言えば、連合赤軍の悲劇を考えてみると、狭いアジトで20人くらいですが、ずっと隠れて生活していたわけですから、相転移が起こった可能性はありますよね。もし広い場所にみんなが隠れていたら、あれほどの凄惨なリンチは起こらなかったかもしれない。

強引に薬で変えようとしてもダメ

鴻上　個体が密集していると、セロトニンが増えて、安心と親和が出てくるけど、嫉妬心も出てきてしまうというのなら、密度はそのままでセロトニンを抑える方法はあるんですか？

中野　その方法は、ないかもしれないですね。

鴻上　セロトニンは太陽を浴びると出てきますから、太陽を浴びないようにしたらいいのかな？

中野　そうするとセロトニンの要求量が増えて、安心感を求めてかえってみんな一緒にいるといったことが起こるかもしれませんよ。

鴻上　セロトニンが増えて、嫉妬の感情も芽生えてきた。もうこのままではやばいという時には、とにかく解散するしかないですね。連合赤軍だって、山を下りて買い出しに行った人達が、その密度から外れたことで、魔法が解けて逃げ出しています。

中野　セロトニンの呪いから解放された、ということですかね。

鴻上　絆を感じていながら嫉妬することが増えてきたら、自分にセロトニンが増えていると思えばいいんですね。脳科学はすごく発達していますから、飲むだけでセロトニンを減らす錠剤とかないんですか？

中野　昔からセロトニンの動態を調整する研究開発はされています。ただ、シナプス間隙《かんげき》のセロトニンの量が減ったり増えたりすると、その人の振る舞いが変わるので、薬によってシナプス間隙のセロトニン濃度を上げて、セロトニンの少ない人の気分を安定させることができても、一時的なんです。以前は、スマートドラッグとして使われたりした薬もありましたが、薬の投与をやめたときの離脱症状が強くて自殺してしまうこともある。繊細に量を調整しないと難しくて、取り扱い注意です。

鴻上　強引に薬で変えようとしても、人間はダメなんですね。

第4章

コミュニケーション力の上げ方

完全な自立はない

中野　「自分の足で歩け」ってよく言われるじゃないですか。でも私は、わざわざそんなに言わなきゃいけないくらい、実は人間は一人で歩けないものなんだなっていうことが面白いんですよ。それは、社会性なんです。完全に一人で歩いていけるんだったら社会なんかいらない。一人で歩かないように人間は進化してきてるんですよ。一人で歩かない方が生存確率が高くなるから、ということでしょう。そのためにこんな大きい前頭前野があると考えると筋が通ります。

鴻上　でも、一人で歩かないって言っても、いろんな一人で歩けないレベルがあるじゃないですか。以前、渋谷で、女の子5人が前を歩いていて、雨がポツポツ降り出したんです。そしたら、そのなかの一人の女の子が「雨だ！　どうする？　どうする？　どうする？」って他の4人に聞き続けていたんです。それを後ろから見ながら、それは誰かが、コンビニに入って傘を買うか、喫茶店で雨宿りするか、もう行くのはやめるかっていう風に決めるしかないだろうけど、そうやって「どうする？　どうする？　どうする？」と聞き続ける子は、自分の足で歩かないにも程があると思ったわけですよ。

中野 うん、面白い現象ですよね。でもそれも含めてだと思います。歩かないレベルというか、グラデーションがあるっていうのはわかります。たしかに「どうする？」って聞くのは、そもそもちょっとせっかちな私がやるかって言ったら絶対やらないですけど。でもそれも社会性、つまり自分の意志より他人の意志を優先する、で説明がつくものだと思います。「どうする？」って言ってるのは、自分の頭で考えられないんじゃなくて、みんなの出方を見て決めたいっていうことかもしれないじゃないですか。

鴻上 もしも僕がその5人の中の一人だとしたら、「あのさ、今みんなも考えてて、迷っているんだから『どうする？』ってちょっと声を出すの5秒ぐらいだけでも待たない？」って言ってしまいそうです。でも、中野さんまで、そんなことを言ってるのなら、つまり自立する必要なんかないんじゃないかっていうところに、割と簡単に行ってしまいますよ。

中野 うーん、実は、究極的には自立する必要はないんだと思うんですよね。コミュニケーションって、自立ものままならず、さりとて、100％みんなに合わせることもできないから、生じる現象なのでは。完全な自立、もしくは、逆に完全な意志の共有ができるんであれば、コミュニケーションは本当はいらない、0でいい。

鴻上　まあ、それは0か100かの議論だから、あんまりリアリティーはないですよね。よく昔の小説に出てきた山小屋に独りで住んでるおじいさんとかっていうのも、必ず犬や何かの動物がいて、その犬や動物を疑人化して、コミュニケーションしてますものね。だから完全な自立はあり得ないんでしょう。

でも、完全に自立はないにしても、そのグラデーションの中で、ちょっとでもより自立していきませんか？　あなた方の出方も待ちますけど、自分はこれがベストだと思うよっていうことを、持っておかないとダメなんじゃないかな？

中野　完全な非自立と完全な自立っていう数直線があったとしたら、人間にとっては、0と100はない。もしかしたら、赤ちゃんのうちは非自立が100なのかもしれないけれど、人間はそのうちのどこかに当てはまるように設定されているようなものですよね。そもそも、遺伝的に、自立を好むタイプの人と、そうでもない結構依存的に過ごしたいっていうタイプの人がいるということもわかってきています。しかも、人の言うことを聞く方が気持ちいいっていう人が、なぜかマジョリティなんです。

鴻上　それは、大昔人間が集団として、生き延びるために、象がやってきたとか、ライオンが来て、逃げるぞって時に、それぞれが勝手なこと言ってると、多分その集団は死んでいくわけだから、やっぱり遺伝的に言うことを聞く人たちが生き延びていったんでしょう。

中野　いや、ほんとその通りだと思うんです。もちろん余裕がある平時であれば、議論をして、考え方を決めて、あなたはそうね、私はこうねっていうふうにやるのがかっこいいし、現代風ではあるけれど、でも、本当に一目散に逃げなきゃいけない時とか、敵がやってきて、とにかく誰か一人の言うこと聞いて、一丸となって戦わなきゃいけない時っていう場面では、そんなこと言ってらんない。そこで生き延びられるかどうかってかなりクリティカルなので、人の言うことを聞くっていうのは、迅速に有効な動きをとるには、いい戦略だった可能性があるわけですよ。

でも、人間の面白いところは、そういう遺伝子を持っていたとしても、学習によって、「いやいや、ここは聞いちゃいけない場面じゃない？」という判断が、できるっていうところなんですよね。一人の認知構造の中で、何人もの仮想的な人格が意思決定できる、みたいな状況があるわけです。じゃあ、今日は人の言うことを聞く中野Ⓐが優勢ですとか、この場面では人の言うこと聞かない中野Ⓑが優勢です、みたいなことが選べるっていうのが、私たちが脳を巨大化させてまで手に入れた有効な武器ともいうべきものであって、一人の中にいっぱい戦略があるんです。100の自立だけがあるわけではなくて、99、98の時もあるし、20の時もある。それが柔軟であるのがいいんじゃないかな、というのが私の考えです。

鴻上　それはよくわかります。だって、僕らが全部のテーマに対してジャッジなんかできないわけだから。例えば、経済問題に関しては、どうもこの人の言ってることが信用できそうだから、この人に判断を任そうとかやって生き延びていくしかないですよね。自分で全部を判断しようなんてことはやっぱあり得ない話ですから。

コミュニケーションが得意というのは

鴻上　2020年に改訂された、光村図書の「6年生国語教科書」に「コミュニケーションの達人を目指そう」というタイトルで寄稿したんですが（教科書では「大切な人と深く繋がるために」に変更）、そこで「コミュニケーションが得意というのは、誰とでもすぐに仲良くなれることだと、みんなは思っているけれど、コミュニケーションが上手いというのは、もめた時になんとかできる能力がある人ですよ」と書いたんです。そしたら、子供達からの反響が大きくて、昨年から小学六年生の作文がたくさん僕の事務所に送られてくるようになりました。

中野　それは素敵ですね。

鴻上　僕が例に出したのは、みんなで日曜日に出かけることになった時に、遊園地に行きたい自分と山に行きたい子、海に行きたい子、ショッピングモールに行きたい子がいたら、どうするか。一番簡単な方法は、自分が我慢をすることだけど、ずっと我慢をしていたら、辛い。じゃあどうするか。もめてぶつかりながら、みんなで何かを決めていくのがコミュニケーションだということを伝えたんです。

ずっと親から友達と仲良くしなさいと言われて、けんかしちゃいけないと思い込んでいた小学六年生には目からうろこだったようで、「ぶつかることはぶつかっていいんですね」とか「ぶつかることは悪いことじゃないんですね」って多くの子供が書いてました。こんなにも知らず、そして教育されていなかったのかと、すごくショックでした。

中野　友達１００人できるかなって。

鴻上　あの歌の言葉は罪深いですね。日本人にとって害悪以外の何者でもないと言っていいでしょう。

中野　もうね。私はずっと脱落者なんだと思って生きてきましたよ。

鴻上　誰とでも友達になれたり、簡単に人間関係が築けたりする力がコミュニケーション力ではない。僕はもめることは悪いことじゃない、誰とでも仲良くしなくていいし、すぐに友達にならなくてもいいと繰り返し言っています。

脳科学的にコミュニケーション力を高める訓練ってあるんですか？　コミュニケーション力をどう定義するかが大事ですよね。

中野　「脳科学的に」ということと「コミュニケーション力」を分けて考えないといけません。ただ、内観さえ度外視すればコミュニケーション力を高めるのは、コミュニケーション能力の高い人のまねをすれば意外なほど簡単にできます。

鴻上　ほお。演劇的に言えば、コミュニケーションの上手い人のまねをするというのは、未熟な俳優が上手い役者のまねをするのと同じですね。実は、俳優が作品を選択する上で大事にしていることは、演出家よりも、誰が一緒に出るかじゃないかと思います。演出家としては淋しいですが（笑）。もちろん演出家としての僕の野望は、誰が出ていようが鴻上が演出だから出てくれる俳優を増やしたいんですが、そんな僕でも「僕の言うことを聞く前に、あの上手い人の間を盗《ま》めよ」なんて言いたくなる俳優がいるんです。一挙手一投足、名優のまねをするほうが早く確実に上手くなります。だから俳優にとって、演技が上手い共演者が大事なんです。

その面でいうと、コミュニケーションの上手な人のまねをするためには、リモートじゃなくて、その人と同じ空間にいて、相手の呼吸や息遣い、間合いが全部伝わってくる対面のほうがいいでしょうね。

コミュニケーション力を上げる唯一の正解方法

鴻上　僕は教えている大学の学生にも、「コミュニケーション能力というのは、常ににこにこ明るく、誰とでも仲良くて、常に友達がいることだと思ってるだろう？　でもそれは無理だ」と話すんです。そんなことはコミュニケーション能力とはなんも関係ないと伝えても、やっぱりみんな不安だから、一人ではいられない。一番困るのは「先生は男だからわかんないんです！　女はいつも友達がいないとダメなんです」って言われること。

中野　鴻上さんの話をわかろうとする気がないとはもったいない。

先日神戸でダンスクリエーションした時に、森山未來君に言われて印象に残っていることがあって、私は自分から遠い人には丁寧に接しますが、近しい人にはつんつんしたり、毒々しいことを言ったりするんです。人間の暗い側面を見ることがそんなに嫌いではないので、いや、むしろ好きだからこそ、物事の悪い面を見て楽しむようなところもある。森山君とも親しくなってきて、そういうコミュニケーションをしたら、「そういうの脳科学で治せないの？」って言われました(笑)。

鴻上　僕なんか、芝居を観に来た森山君に、「鴻上さんの舞台は蒼《あお》いですね」って言われましたね。「青じゃなくて蒼」って注釈付きで(笑)。魅力的な人だと思っていた中野さんが、こんなに毒を吐く人だとは思わなかったから、傷ついたんじゃないんですか？

中野　「治すって何よ、もっと毒吐いてやる」って(笑)。未來君ごめんね。

鴻上　僕はなるべくポジティブに生きようと思うので、中野さんのようには毒は吐かないですが（笑）、バランスを取るために毒を吐くんですかね。でも、どうして中野さんは、毒を吐いているんですか？

中野　私は、人間が自然なネガティブさを持っていることを許さない、というような、禍々《まがまが》しい明るさが苦手なんですよ。もっと言っていいなら、強い嫌悪感がある。そういう胡散臭い明るさと距離を置くために、それらが近寄ってこないように、いつも害虫除けのように毒を吐いておくんです。

鴻上　ははは（笑）。害虫除けですか。

中野　ところで「コミュニケーション力を高めること」を考えると、距離感も含めてコミュニケーションにも様々な有り様がある、というのが見えてくるかと思います。誰にでも、波風立てずに接する能力なのか、誰とでもすぐに切り込んで仲良くなるための方略なのか、自分が望ましくないコミュニケーションを絶って、本当に親しくなりたい人とだけ仲良くすることなのか。

鴻上　僕がやっている『ＡＥＲＡ』の人生相談でも昨今、ものすごい長文で事細かに書いてくる人がいるんです。周りとコミュニケーションが上手くいかないという悩みに関して、

「あの時、私がこう言ったのはこういうつもりだったのに、あの人はこんなふうに受け取って、こう答えたからこういうふうに返して」と、長々と語ってくる。

確かに本人にとっては大事な問題だと思いますが、そのこだわり方がちょっと過激な感じで、カウンセリングを受けた方がいいと感じるときがあります。

もちろん読み手を考えた文章を書く人でも、悩んでいる人はたくさんいますから、コミュニケーション力と一言で言っても、その振れ幅は大きいですよね。

中野　ヴァイオリニスト・高嶋ちさ子さんのお姉さんで、ダウン症のみっちゃんは、会話の切り返しも面白く、高嶋さんがスーパーウルトラライトダウンと表現するくらいコミュニケーション能力がとても高い方です。きっとインテンシヴな脳科学的な訓練というよりも、周りの人との関わりから自然と身につけてこられたことなどが積み上がって、コミュニケーションが上達されたのではないかと思います。

鴻上　やはり、近くに自分がイメージするコミュニケーション能力を持っている人を見つけて、その人のまねをするというのがコミュニケーションを上達させる有効な方法でしょうね。

「弱い世間」にどれだけ身を置けるか

鴻上　それでも、「世間」の人達とのコミュニケーションに悩んでいる方には、「弱い世間」を見つけましょうと伝えたいですね。一つの強力な「世間」しか持たないと息苦しいに決まっています。

例えば、どんな猛烈なサラリーマンであっても、絵が好きなら月に一回は絵画教室に行ってみたり、楽器を久しぶりに手に取って、月一回でもバンドで練習したりするとか、緩い結びつきの「弱い世間」を作ること。

経済的に不況になると、例えば、会社は「絆」とか「心をひとつに」と言い出す例が増えますよね。社員一丸となって難局を乗り切ろう、なんて言って。そういう時代だからこそ、例えば、いつもと違う道を通って、普段入らないような店に入って、おいしい食事を食べて店の人と話をしてみる。つまり自分が全く知らない人と「世間話」ではなくて、「社会話」をすることで、暗黙の了解的なコミュニケーションから自分をずらしていくという方法もあります。中野さんがよく仰る「ゲームを替える」ということと近いかもしれませんが、今までの「世間」ではない「社会」と繋がることで息苦しさから逃れるという方法があります。

中野 それは強く賛同します。一つの世間に固執しようとすると、違う意見を持っていても、全てをその世間にあわせないといけないと錯覚してしまいます。そうでない自分がいてもいい、と思えることは、同調圧力や正義中毒に対する防波堤になりますよね。

鴻上 会社だけを自分の世間にしてしまうと、定年後抜け殻になる可能性が大きいですからね。

中野 産業カウンセリングの勉強で教わることの中に、「組織の健全性」というテーマがあります。組織は「部長」や「課長」といった職位という縦の構造があって、その構造の中での評価で給料が決まっていきます。けれど、会社内にカラオケ部や将棋部といった横の構造も存在して、横の組織がしっかりしているところは健全性が高いという研究があるんです。

そういった横の組織がいわゆる「弱い世間」で、その「弱い世間」にどれだけ自分を置いておけるかが、個人レベルの心の健康ではとても大事になってくる。「弱い世間」をどこまで豊かにできるかが、勝負なんだと思います。

鴻上　ただよっぽど大きな会社じゃないと、将棋部のメンバーが職場の上司だったりして、「強い世間」の延長だったりすることもありますよね。

中野　それはやりにくいですね（笑）。

鴻上　同じ会社なんだけど、部署が違って全く一回も仕事をしていない人がいる将棋部だったら、「弱い世間」になりますね。

中野　漫画の『釣りバカ日誌』みたいに、会社の偉い人なんだけど、釣り仲間とか。

鴻上　『釣りバカ』のハマちゃんは、言ってしまえば「世間」に生きていない人だから、ある種、日本人離れしていますね。

中野　確かにそうですね。そこにみなさん、気持ちよさを感じるんですね。「弱い世間」代表という感じでしょうか？

鴻上　「弱い世間」だったら、出世したいとは思ってなくても、それなりに社長のスーさんをおもてなしはするんだろうけど、スーさんが来なくてもよくて、ハマちゃんは魚との関係を作っているだけだから（笑）。中野さん風に言えば「はぐれ猿」です。僕の言葉だと、ハマちゃんは「家庭」と「社会」に生きている人だと思います。実は欧米的です。

中野 素晴らしいですね。そんなハマちゃんの生き方を、多くの人は求めていて、癒されるわけですね。

鴻上 そうですね。紅白歌合戦が視聴率80%あった時代から、実はみんな、息苦しさを感じていて、町内会で旅行に行くなんて、下着まで値踏みされて嫌だなと思いながらも「行きますか!」と合わせていたから、日本人の心象として「世間」からドロップ・アウトしたハマちゃん的な生き方に憧れる感じはあるでしょうね。「フーテンの寅さん」もそうですね。

今までの日本人の文法にない出会い方

鴻上 NHKBS1の「COOL JAPAN」で恋愛を特集した時に、どこでパートナーを見つけたかアンケートを採ったら、日本人は、「職場」「学校」「友人からの紹介」がベスト3で、いわゆる「世間」の場所での出会いが多かったんです。でも外国人はベスト3に絞れなくて、公園だったり、銀行の窓口に並んでいる時だったり、それこそ道を歩いてた時だったり、いわゆる「社会」的な場所で出会った人達が多かった。「職場恋愛をしないの？」と聞いてみたら、いつも一緒にいて、恋愛が起こりやすいのはわかるけれど、もし別れたら後が大変でリスクが高いから、なるべく職場恋愛はしないようにしてると言っていました。

中野　俳優さん同士とか大変そうですもんね。

鴻上　俳優相手は何が辛いって、普通にテレビを観ていたら、元カレ、元カノが出てくる（笑）。Ｆａｃｅｂｏｏｋなどに「知り合いですか？」と勝手に紹介してくる機能がありますが、「知ってるけど、こいつは嫌なんだよ」っていう時がありますよね。

中野　遠巻きに見ているとと面白いですけどね。

鴻上　他人の不幸は蜜の味ってやつじゃないですか。

中野　そうじゃなきゃ週刊誌なんて売れないですよね。

鴻上　昔、すごく好きになった女優さんがいて、こっぴどく振られた後に、テレビをつけると彼女が出ていて、「傷口に塩をすり込むようだ！」と思いましたね、当人は本当に辛い。毎日日記を開いて、あの当時を見ているようなものですからね。

中野　それは素晴らしい。なかなかそんなインテンスな体験はないですもんね。

鴻上　いやいや（笑）。日本人は「世間」で出会った人しか信用していないところがありますが、若い子は、マッチングアプリで知り合うことが珍しくなくなってきて、今までの日本人の文法にない出会い方をしています。コロナで学校もリモートになっていて、友達の紹介を期待できない時期は特に、必要に迫られてというところはあるでしょうが、若い子がマッチングアプリでうまくコミュニケーションできるようになったら、日本の文化も少し変わるかもしれませんね。

遺伝で決まることはたった7割

中野　愛着の形は、0歳6カ月から一歳半までの一年間で、9割方決まると考えられています。これは自分が知らない相手をどれだけ信用できるかの尺度の高低を決めると考えられているオキシトシンレセプターの密度がある程度決まる時期で、その密度は、養育者（多くの場合は母親）との関係によって増減されます。養育者との関係が適切であれば、オキシトシンレセプターの数も適度な水準になる傾向があるんですが、そういう人は、自分と近しい意見が合う人とは絆で結ばれるけど、知らない人にはそれなりの距離を取る。人間として自然な態度です。それが大人になってからも維持されます。しかし、裏を返せば1割はより後の環境要因によって変化をするということでもあります。大人になって、もう少し人との繋がりを作りたい人は、絆を作るのが得意な人のやり方をまねていくことで、ちょっとずつ繋がりを増やしていくことができるかもしれない。

鴻上　脳科学の本を読むと、全部、遺伝子とホルモンで決まっているように感じてしまいますよね。

中野　それだけで100%決まる、と書いてあるなら、その本の著者は論文の読み方を知らないか、確信犯なら悪質です。

鴻上　中野さんが週刊文春で書かれた『ジェンダーと脳』（紀伊國屋書店）の書評で、「性差よりも個人差のほうが大きい」と冒頭で触れられていて、僕もそうだと思っています。「日本はこういう文化の形で、同調圧力は強いんです、以上！」じゃ何も変わらないんですよね。こういう形だけど、それを前提に取り組むとか、人間はこうデザインされているけれど、こんなアプローチができるとか、取り組み方をなんとか探していくところまでたどり着きたいと思っています。

中野　私が違和感を覚えているのは、不都合な真実だと遺伝的なことを言って、だから仕方ないですよね、と言ってしまうこと。全部遺伝で決まるなら、何のために、瞬時に環境の影響を受ける脳なんか持っているんだよ、コストを膨大にかけてまで、ということになるんですが。

鴻上　でも地頭の良さは遺伝的に7割から8割親から受け継ぐといいますね？

中野　でも3割は環境要因ですけど。

鴻上　うーん、一般人は7割から8割と聞いたら、喜びよりも絶望のほうが大きいでしょう。身長や体重も親の遺伝からそれくらい受け継ぐわけじゃないですか。「おまえの合格の可能性は2割か3割だ」と言われたら、みんな「えー！」ってなりますよ。中野さんは解像度が高くてクリアだから、やるべきことが見えていて、3割をすごく大きく捉えられているんです。

中野　大きいじゃないですか。100点満点のテストで70点なんて、恥ずかしくて見せられない点数だと思いますが。遺伝の影響というのは例えればコップの大きさみたいなものです。大事なのは入れる水の量でしょう。しかも遺伝で決まると言ったって大きさに大して差はないんですよ。

鴻上　地頭の良さと言っても、そんなに大小があるわけじゃないんですか？

中野　うーん。というより、地頭なんか良くても別に得をし続けるわけでもないし、生きやすくなるわけでもないというか。

他の人の知恵を使うトレーニング

中野　遺伝のことが中途半端な理解のまま知れ渡ることの良くない点として、みなさん、器のことばかりを言って諦めたり、他人を蔑《さげす》む材料にしたり、本来できることであるはずの、「水を入れる努力」をしなくなることが挙げられると思います。

鴻上　遺伝的に決まっていると言われたほうが、理解しやすいからでしょうね。複雑なことよりもわかりやすいことのほうを求めてしまう傾向は、ますます強まっていると感じますね。

中野　あんまりいいことじゃないですよね。実際は、日本は都市にいればそれなりに人口の密度の高さがあるのだから、「他人の力」を目いっぱい活用できますよね。自分の器にはこれくらいしか入らなくても、隣にいる人の水を使えばいいでしょう。別に人生はテストとは違うのだから、カンニングとか言われることもないし。隣の人の水を使えるかどうかのほうが、自分の水がいっぱい入っているかどうかよりも大事だったりします。そのスキルを身につけるほうが、自分が東大に受かるなんていうことよりずっと重要なんじゃないでしょうか。

鴻上　はぐれ猿のわりにそういうことを仰る（笑）。

中野　はぐれ猿だからこそ思うんですよ。

鴻上　それは他の人の知恵を使うのが得意じゃなかったということですか。

中野　得意じゃなかったですね。自分でやりたいとつい思ってしまうんですが、自分だけでやれることは意外と少ないと思い知らされることばかりで。もっと人の知恵を借りるトレーニングを若いうちからしたかったです。

鴻上　今はできるようになりましたか？

中野　少しずつですけど。まだまだトレーニング中です。

鴻上　僕も演劇の演出家になってからそれはすごく思いましたね。自分一人が考えることには限界があって、俳優だけでなく、装置や照明、音響・衣装など各パートの優れた人の頭を使えるかどうかが演出家の能力なんですね。自分一人でキリキリ回るんじゃなくて。

　演出をし始めた頃は、この俳優にどうアドバイスをしたらいいんだろうと思っていましたが、そのうち本人のやりたいことを聞いて、キャッチボールしていけばいいんだと気づいたんです。思いの外、人に意見を聞けない人は多くて、本人に聞けばすむことを、僕に「どうしましょう?」と言ってくる人がいる。自分がうまく言えないから、周りもうまく言えないいんじゃないかと思ってるのかな。例えば、「この服はどうですか?」と俳優に聞けなくて、すごく悩む衣裳さんとか。そういう人が、僕に「どうしたらいいですか?」と聞いてきます。

中野　自分の好悪《こうお》より、他者の評価を優先させるタイプですね。そういうあり方の人も、いると思いますが…。

鴻上　でも生き残っているプロは、俳優とちゃんとキャッチボールして、俳優の「この色はだめだ」とか、「こんなデザインのほうが私の体を綺麗に見せてくれる」とかの言葉を受けとめて、ちゃんと投げ返せるものなんです。

中野　もともとのやり方を知らなかったり、そもそもそういったスキルの「水」が入っていなかったとしても、少しずつトレーニングで使えるようになるものだと思います。例えば、自分はAの力を持っている。隣には、Bの力を持っている人がいる。その人に、Bのやり方を教えてもらう、あるいはBの力を貸してもらう。そういう智の使い方があまり議論されていなくて、ずっと自分の「水」をどれだけ増やすかばかり考えていて、他人の力を借りることがよしとされていないから、絶望も深い気がします。

鴻上　「社会」の人とどう会話していいのかわからなくて、かつ「世間」の人とは情だけで繋がろうとするコミュニケーション下手の日本人からは、一番遠い智の使い方ですね。

中野　違う人を受け入れる素地が、限定的にしかなくて、日本全体には足りていないんですよね。今だって、普通だったら交わり合わないところにいる演劇の鴻上さんと学問の私が、とても有機的な会話ができているじゃないですか。テキストそのものから読みとれることと、違う分野の人達が語り合うことで新しいものが見えてくる対談書のようなものをモデルケースにして、「こんな風に力を融通し合うんだな」と、本書をメタ的に読んででもらえるといいですね。

脳科学への過剰な期待

鴻上　最近すごい思うのは脳科学に対して、いろんなことを解説してくれるんじゃないかみたいな過剰な期待があるじゃないですか。例えば、賢さの遺伝が何％とか。何％でしたっけ？

中野　知性の定義によりますね。一般的には全ＩＱの遺伝率は45から50％くらいです。

鴻上　それは、地頭がいいっていう表現と近かったりしますか？

中野　いわゆる地頭とされる部分の方が遺伝率が高くて、身長と同じ70％です。一方で、地頭でない方っていうのは15％です。いわゆる「言語性知能」って昔、言われたやつなんですけど、ざっくり言うと親が全然物を知らなくても、子供は物知りになれますってことです。

鴻上　残りの85％の可能性があるってこと？

中野　そうですね。遺伝率っていうのは、定義がちょっとややこしいんですが、計算方法はこんな感じです。まず、一卵性双生児と、二卵性双生児の両方の人達を集めてきます。双生児法と言うんですけど、一卵性の双子は同じ遺伝子を持っていますから、遺伝一致率は100%ですよね。二卵性なら50%。なので、一卵性双生児の類似度と二卵性双生児の類似度の差をとり、これを二倍することで遺伝率が得られるという…。この説明、ややこしいでしょう？　もう一般の人はざっくりした理解でいいと思いますよ。どうせ研究の現場に入ることはないでしょうし。独学ですごい理論を発見した！　と息巻いて、大きな態度で話しかけてこられる素人の方がいるのですが、論文をどう読むべきなのかトレーニングも積まれていないのでしょうしね。あまり正確に伝えることを意識しすぎても…。ですので、全体の表現型の分散に占める遺伝的分散の割合、で、もういいですかね（笑）。

言語性知能というのは、読書や勉強などで身につけた知識や、積み上げてきた経験を指します。言語によって蓄積される知識だけをもとに再現できるような能力、要は、言語的に表現される知を扱う能力です。運動能力は遺伝率が70%とされているので、それに比べたら低いんです。

鴻上　うん、なるほどね。運動神経の良さや地頭の良さは70%伝わるけど、言葉の達者さは15％ぐらいだよっていうことですね。

というふうに、人間のある種の神秘を解説してくれる脳科学に対して、みんな過剰な期待がやっぱりありますよね。

中野 ほんとそう思います。私、ほんとに気持ち悪いんです。間違ってると思う。

鴻上 と言うと？

中野 反証可能性があるのが、科学の世界だから、全部信用するというのは科学ではなく宗教なんです。例えば、私が「こういう風に言っている」からと言って、それを経典のように信じるのは間違い。全部「本当かな？」と思いながら聞いて欲しいんですよね。

鴻上 でも、ぶっちゃけていうと、そういうすごいことを言い出したからこそ、脳科学が注目されたし、中野さんがこんなに山ほどいっぱい本を出しているわけじゃないですか。

中野 まあでもそうなんでしょうね、私はすごい後ろめたいです。それでもみんなこういう話好きだよなと思いながらしますけど。

鴻上 なんで好きなのかっていうと、やっぱり、よくないことだけど免罪符になりますよね。自分が、勉強できない時に、頭って地頭7割遺伝だから、「父ちゃん、母ちゃんがバカなんだから、俺もバカだよ」って、言える可能性があるってことですね。
でも、父親がすごい地頭良くて、母親がそうでもない場合はどうなるんですか？

中野　地頭に関係する大脳新皮質はどちらの親から来るかっていう実験があります。マウスの実験なんですけど、マーカーをつけておいて、母親、父親、どっちからきたものが発現しているのかを見ます。大脳新皮質は母親方なんですよね。人間がどうなのかっていうのはまたあれですが、父親が偉い教授とかで、母親はそういう部分は度外視して顔で選んじゃいました、というご家族で、ああ、なるほど、みたいな風に思うこともあります。ちょっと失礼ですかね。でも別に頭がいいことが良いこととは私は思っていないので。

鴻上　そういう説がある。なるほど。反証可能性を前提にしながらも、すごいね。地頭の良さは、母親の遺伝なんですか。一生懸命夜9時10時まで小学生を学習塾に行かせて頑張らせてるお母さんに、「お子さんの地頭は、あなたですよ」ってことですよね。

中野　そうなんですよね。炎上を恐れずに言えば、ということになりますけど…。

鴻上　じゃあ、もっとマイルドな言い方をすると、僕のやってる人生相談に、「自分の子供の大学のランクが恥ずかしい」っていう相談を送ってくるのは、女性が多いんです。

中野　うーん…。

鴻上　男性から息子がFランクに入って情けないっていう相談はめったに来ないんですよ。でも、女性から多いのは、多分、世間からのプレッシャーが大きいからだと思うんだけど、こんな大学に入ったら近所歩けないとか、子供のことはもう人前では言えないとかっていうようなことを書いてくるんですよね。でも、それが、「地頭はお母さんから受け継ぐんですよ」って言われたら、それいくら反証可能性を頭にって言われても、ぐうの音も出ないですよね。

中野　科学を信用するとしたら、まあ、お母さんですよね……。

鴻上　中野さんあなたは全女性を敵にしたことを言いましたね。

中野　殺されますよね…。

鴻上　でも、ダーウィンが人間は猿から進化したんだって言って、大騒ぎになって、「我々が猿だと言うのか」ってみんなが怒ったっていうのと同じで、もしそれがこれから先、さらに検証を重ねて事実だと分かったらさ、それはもう一つのコモンセンスにした方がいいよね。

中野　齧歯類《げっしるい》の研究ですけど、そうは言っても人間も結構似たような仕組みを共有してるわけですからね。

鴻上　顔とスタイルで大学教授が妻を選びましたっていう時に、あなたのお子さんは、お母さんの地頭を受け継ぎますよ、って話を聞きながら、男性として若干むなしさを感じ始めているんですけど…。

中野　マウスの実験でよければ言うと、男性側は内臓とか、性格的な部分とか、脳でいえば大脳辺縁系が男性由来であるようです。お父さんと同じ病気にかかるリスクが高いねとか、ちょっと血圧上がりやすいねとか。あとはお父さんがキレやすいと、子供もそれを受け継ぐみたいな。

あと、いわゆる一般向けの脳科学の話題で一番人気があるというか、反響が大きいなと思うのはあれですよ。不倫遺伝子。不倫も、もう別に遺伝子のせいだからしてもいいよねみたいなふうに言われると、いや、別にしていいとは言ってないよって思うんですよね。

鴻上　え、不倫する可能性が何割とかってなるんですか？

中野　不倫遺伝子を持っている人の割合は大体半々、50％なんです。でも、そもそも人間は、もう明らかに一夫一婦型じゃないんですよ。でも、それを言うだけで男の人から喝采がわきますね。めちゃくちゃ喜んでいるので、とても不思議です。

鴻上　それは、愚かな男性達ですね。だって、一夫一婦制を外したら、モテるところに女性が集まるわけですから大量の独身男性が出現するだけです。でも、歴史を勉強した時に、私たちは当然のように武士側とか、殿様側に感情移入して歴史を見ていきますが、江戸時代は約85パーセントは農民でしたからね。なぜ7％しかいなかった武士という支配階級の方っていうか、エリートの立場で感情移入してるんだろうっていうのと同じですよね。

中野　ですよね、今までのあなたの人生を振り返ってどうだったか、ちょっと聞かせてくれないかな？　という気持ちになりますよね。

鴻上　でも、そういうのが神の言葉のように出てくると、やっぱりほんとに脳科学に対して過剰な期待が集まって来ますよね。

中野　そうなんですよね、これ危険だなと思っています。ほんとにそれをめちゃくちゃ使う人ももちろんいて。まあ、いてもいいんですけど。これ以上あんまり大きくするのはどうなのかなって、不安感があるんですよね。

鴻上　かつての血液型の相性とかと似てるけど、ちょっとレベルが違いますよね。血液型の相性は明確な反証可能性があるというか、信じてる人に対して「馬鹿じゃないの？　人間4種類に分けられるわけないじゃん」みたいな、笑って突っ込める可能性があったんだけど、脳科学の研究と統計的なリサーチの事例っていうのはなかなか手強いですよね。血液型とか、星座とかを笑って突っ込んでいたはずの理屈っぽい男性たちが全く突っ込めなくなる。

中野　簡単には、突っ込めないですよね。私がメディアに出始めの頃、突っ込もうとしてきた人もいたんですけど、私が割と真面目に反論しちゃうので、すごく嫌な思いをなさったと思うんですよね。懺悔します。

鴻上　いや、そこはね、中野さんの態度にすごく大学教授を感じます。なるほど、エビデンスで語っていく人なんだなっていうのはね、すごくわかります。

中野　私もこういう杓子定規なとこをなんとかしたいんです。これこそ、コミュニケーションスキルを学んでなんとかしたかったんですけど。

鴻上　でもそれが中野さんらしさでいいんじゃないですか。

中野　いいのかな。

シンパシーとエンパシーとコンパッション

鴻上　シンパシーとエンパシーという言葉があります。シンパシーは他人に同情する気持ち。エンパシーは他人の気持ちを想像できる能力のことです。エンパシーを共感能力と言ってしまうと、シンパシーと似てきてしまうので、僕はエンパシーを「相手の立場に立てる能力」と言うようにしています。

中野　三種類あるんですよね、シンパシーとエンパシーと、もう一つ、コンパッション。

鴻上　同情ですか？

中野　原義は、一緒に受難することですよね。キリスト教でいうｐａｓｓｉｏｎ（受難）です。いわば、共に苦しむ、とでもいうか。

鴻上　世間が中途半端に壊れ、価値観が多様化した時代には、シンパシーという同情心ではなく、エンパシーという相手の立場に立って、相手を知る能力を育てることがとても大事だと思っています。よく「自分がやられて嫌なことはやるな」と言われますが、これはシンパシーです。何が嫌かは人によって違うので、自分がやられて嫌なことが相手も嫌とは限りません。

エンパシーの能力を育むいい方法は、演劇的に自分と違う役をやってみることなんです。別に学芸会をやるわけじゃなくて、10分でも15分でもいいから、例えばシンデレラの継母の役をやってみる。その中で「どうして継母はシンデレラをあんなにいじめたんだろう」と考えてみるのです。もしかしたら、シンデレラのお父さんとの関係がうまくいってなかったんじゃないかとか、自分の二人の娘とシンデレラの容姿の違いを深く理解していたんじゃないだろうかとか、いろんな理由が浮かんできます。

中野 親子でやってみてもいいですね。

鴻上 それはいいですね。子育てのふりをして、自分のエンパシーを育てるっていうのもできます。例えば、シンデレラの継母の話の他にも、桃太郎の犬はなんでキビ団子1個などという、命をかけるに値しないもので参加したんだっていう問いもあります。自分の子供に「なんであの犬はこんなことをしたんだと思う?」って問いかけると、多分、想像のナナメ上を行く言葉が返ってくるかもしれません。だから、それは子供に対するエンパシーの育て方になるんだけど、実は親の自分に対するエンパシーの育て方にもなるんです。

大人になって、ほんとにノリが良かったら、飲みの席とか二人でね、「お前スーパーマンになって、俺がスパイダーマンになるから、ちょっと会話してみねえか」みたいに遊べるといいですね。遊びの中で「お前、その出してるクモの糸は体液使ってんじゃないか、死ぬぞ」みたいな会話ができたりすると、とても面白いですね。

中野　でも、そんなノリのいい相手はなかなかいないですよ…。

鴻上　ノリがいい相手がいないとか、そんな器用じゃないっていう人がいたら、相手に、インタビュアーになってもらうだけで構わないですね。自分がシンデレラの継母になって、相手に「なんであなたはそこまでいじめたんですか?」とか、「嫌いなんですか?」とか、「あなたはどういう生活してるんですか?」とかっていうインタビューをしてもらえれば、振られた人は一生懸命考えますから。

中野　確かに、相手がいた方が話しやすいですね。

鴻上　筋トレは一人でできるんだけど、エンパシーを育てるのは残念ながら一人じゃできないんですよ。一人でやると、気づきがもらえない。最低やっぱり二人必要なんです。一人だと、答えを確かに自分ではいくつか出せるんだけど、それは結局自分の中の可能性だから、トレーニングしなくても、その前からもう分かってることなんですよね。相手の立場に立つということは往々にして、自分の想像を超えたことが起こるわけです。そうじゃないと、相手の立場に立てる能力ってのは育っていかないんですね。

そうやって、誰かの立場に立って別人になってみることで、エンパシー能力は育まれると思っていますが、脳科学的には、エンパシー能力を伸ばせるものですか？

中野 人間の認知能力には限界はあるのですが、集団を一つしか認知できない類人猿との大きな違いは、私たちが認知できる集団は複数あるということなんです。類人猿だとある集団から一個体が外れて数日たつと、集団もその個体も忘れてしまって、死んだのと同じことになるのだそうです。戻ってきてもよそ者になっていて、集団の行き来ができない、と言います。でも私達は複数の集団を認知できて、複数の集団がある。そういうモザイク状のところに、それぞれの集団に所属する複数の仮想的な「私」達が一つの個体の脳の中にいる。

ただ、人間にはキャパシティはあるんですが、そのトレーニングのほうが追いついていないない状況です。なにか役を演じるということは、一つ、二つとモザイク状の世界に存在する集団の中にいる仮想の「私」を増やすことに繋がりますね。

鴻上　脳科学的にはどうトレーニングしたらいいんでしょうか？

中野　ロールプレイングという方法はかなりいいと思います。

鴻上　僕は『演劇入門』（集英社新書）という本で、子供の前にいるお母さんは、職場に行けば上司や同僚や部下になり、夫の前では妻だし、友人の前では友人同士になる。同じ人なんだけど、実は全部別人で、一個の固定した人格なんてなくて、その場その場で、必要な自分、求められている自分、生き延びやすい自分、効果的な自分を選ぶ、みんな日常から演じているんだと書きました。生きることは演じることなんですよね。

第5章

コミュニケーションを支える言葉と身体性

言語化できるのは一部だけ

中野　言語化できる情報って、実はコミュニケーションのうち、ごく一部なんですよね。SNS全盛の時代、コミュニケーションがテキストによりすぎって方々で指摘されていますけども、その状況はやっぱり違和感がありますね。人間にとって自然じゃない。実際、変化も起きていて、若い世代ではもうあんまり言語を使わなくなってきてますよね。写真撮って感情を表すものとして送ったりとか。

鴻上　要は、Twitterで140字で書くよりは、インスタで写真を1枚貼った方が楽なんですよね。やっぱり人間って楽な方に流れていくのが当然だし、いくら140字で凝縮した表現を目指したいとスローガンを掲げても、インスタ1枚貼ったことの情報量の方が圧倒的ですから、そっちにいくんですよね。

中野　やはり、私たちは、身体性や非言語的コミュニケーションを、本質的にどういう形でも絶対必要としてしまうんでしょうね。どんなに技術が進んでも、脳はそんなに一気に変わらないんですよ。だから、昔は身ぶり手ぶりでやってたものを、今でもそれをまねるような形で、写真や動画でなんとか工夫して伝えようとしてしまうっていうのが面白いところです。

鴻上　でも、その非言語的なメッセージが伝わる、ある種の限界があると思うんですよ。繰り返しになりますが「世間」は、結局非言語的メッセージで成立するんです。つまり、同じ価値観の中、同じ世間的な共同体の中にいるからこそ「あの人は目が優しいからいい」というような非言語的なメッセージを受け取れる。その力を上達させていくことが、「世間」を生きるスキルの一つなんですけど、「社会」という、自分と全く何も共有しない人たちと、コミュニケーションしていく時には、言語に頼るしかないと思ってます。

中野　もちろん、言語は人間しか使わないツールであり、情報の解像度も高いので、コミュニケーションのコアに事実上なっていますね。

まだ言葉の取り扱いに慣れていない

中野　言語のメリットの最大のもののうちの一つは、本人が不在でも届くっていうところなんです。その場にいなくても、遠く地球の裏側でも届くし、なんなら時間を隔てても届く。

その人がもう死んでいても、２０００年前の人の言ってることも届いちゃう。人口のスケールも、時空のスケールも超えられるんです。その同じ村の人たちだけじゃない人に届くので、それは人類史上で非常にエポックメイキングだったと思います。

鴻上　言語って「音声言語」と、「書き文字」二つありますよね。時間や距離を超えるのは書き文字の方ですよね。

中野　はい。言語の使用については仰る通り、「音声言語」と、「書き文字」の2段階ありました。特に、書き文字の成立っていうのが文字どおり革命的な技術革新だったんです。哲学者のソクラテスが、「こんなものがあったら、人間が変わってしまう！　記憶能力が落ちて人間はダメになる」と過剰に反応したんです。覚えておく能力と共に相手の気持ちを想像する能力とか、そういうこともダメになりかねないっていう恐怖があったんでしょうけど、それだけ書き文字の存在は強力とソクラテスは感じたんでしょう。

鴻上　そうですね。

中野　どうして、そこまで文字が強力かって言うと、視覚を奪うんですよね。相手の表情とか仕草とかを見る前に、書き文字にスタックされる。いわば、自分を映す鏡になってしまうんです。つまり、相手の気持ちを知る前に、自問自答型コミュニケーションになってしまう。コミュニケーションしているようでいながら、エコーチェンバーを作ってしまい、分断を生みやすい素地を作ってしまうところがあります。確かに、取り扱い注意だと、私も思います。

　現在の私たちは、言葉の取り扱いに慣れているようだけれども、まだ完全にはうまく使いこなせていない。言葉によって、炎上とか、人間関係を悪くしちゃったりとか、コントロールされすぎてしまったりということが生じるのはそのためなんだろうと思うんですね。すごく便利だけど、意外と難しいツールです。

鴻上　まあ、そうですね。でも、ＴｗｉｔｔｅｒやインスタなどのＳＮＳに慣れるかどうかを今、我々は試されているのに、言語にまだ慣れてないって言われたらどうしようもないですよ。

中野　「慣れてない」って言い方よりも、それを使うように脳の仕組みを洗練させきれていないと言った方がより正確ですかね。日常的に使っているんだけれども、適切な形で使えているかというと、全然そんなことはない。子供の頃のことを思い出してみるとわかると思うんですけど、思ってることと違うことを言っちゃう、という現象って多くの人が経験していますよね？　「今日は何があったの？」って言われた時に、あったことをきちんと説明するのがめんどくさかったり、うまく順序だてて説明することができないので、適当に話を作って答えたりしてしまう。これって言語をじゃあ適切に使えてるかっていうと、全然使えてないわけですよね。道具としてはある程度身につけているようだけれども、使い方として、適切ではない簡単な方法に流れてしまう。

鴻上　それは、大人になってもありますね。

中野　ですよね…。言語の怖いところは、その簡単な言い回しをしちゃったことによって記憶そのものも書き替わっちゃったりとか、情報が全部抜けちゃったりするところなんですよね。本当は好きな相手のことも、友達たちに「そんなに好きでもないよ」という風に言ったがために、自分の心もだんだん冷めてしまうとか、しばしばあると思うんです。便利な、ただのツールのはずなのに、認知が言語に引っ張られちゃうことがある。あんまり、こなれたツールではないと思います。

鴻上　それはもちろんわかるんです。今、仰ったみたいに言語って、自分のいいように回収できる。だから、陰謀論とか、いわゆるわかりやすい世界への解釈にもみんな飛びついていくわけです。

ただ、1対1で面と向かって、一緒に飯を食ってるうちに、「こいつはいいやつみたいだな」とか、なんとなく非言語的なコミュニケーションが取れる場合はいいわけだけど、知らない人とか、多くの人たち、もしくは距離が離れている人と、とにかくコミュニケーションしていくツールとして、言語を僕は考えてるんです。

会った瞬間に、なんかムカつくやつだ、一挙手一投足が全部自分に対して敵対してるように感じるから殴ってやろうというのが、非言語的コミュニケーションの一番安易な方法だと思うんです。だから、言語もどうやったら、その安易な方向に行かないで、まだ見ぬ人たちと手をちゃんと繋げていけるんだろうっていうことをすごく考えるんですよね。

例えば、この前の、安倍晋三元首相の悲惨な事件の、山上徹也容疑者のことを考えるんです。

中野　それこそ、取り扱い注意な事件ですね。

鴻上　あの事件はもちろん絶対許されない事件なんですが、勝手な想像なんですけど、山上容疑者の内面を考えてしまうんです。母親と割と幸福だった時期もあったようで、その後また母親が教団に引っ張られて、その過程で、ものすごい母親に対して、まず非言語的コミュニケーションで、コミュニケーションを図ったと思うんです。でも、どうしてもダメで、多分その次はあらゆる言語を駆使したんじゃないか。旧統一教会の問題点とか、教義の矛盾とか、献金の反社会性とか、愚かしさだとか、いっぱい喋ったと思うんですよ。

でも、全然言葉が届かなくて、彼は言語に絶望したんじゃないかという気がしてるんです。非言語的コミュニケーションに絶望し、言語に絶望したから、言語を飛び越えた暴力的な手段を取るしかなかったんだろうかと。

中野 いろいろな考え方があるとは思いますが、私もあの事件の根本にあるのはコミュニケーションの希求だと思います。彼は、ああいう形でしか母親に届かないと思ったのでは。

鴻上 そうですよね。絶対許されない事件なんだけど、なんとかならなかったんだろうか。言語はとっても使いにくいものなんだけど、どう使えば、なんとかなるもんなんだろうかって、今の中野さんの話を聞きながらずっと考えていたんです。

「嘘を言うこと」を引き受ける

中野　コミュニケーションという言葉にはどこか温かいポジティブなイメージがありますが、よくよく考えてみればコミュニケーションというのはほとんど虚構でできているんですよね。自分の思っていることを言語化した途端に、嘘になるとも言えますしね。人間は同時に、いくつもの、時には対立する考え方を持っているものです。思っていることの一つしか言わないということは、他の大部分の考え方を捨てているということになります。コミュニケーションが上手になるということは、大げさに言えば嘘を言う技術を磨いていくということになるんですよね。

鴻上　ということは、コミュニケーションを上達させるには、まずは嘘を言うことを受け入れられるかどうかですね。それは面白い。言葉はリニア的、線形だから、あれもこれも同時には語れないですね。語ろうとすることに順番をつけることとは、同時に浮かんだ複数の思いを強引に並べることで、それはつまり、嘘になってしまうから、嘘を引き受けるしかないということですね。

中野　嘘である可能性を排除せずに相手と向き合う、というのが成熟した大人のコミュニケーションですよね。

鴻上　「まず嘘を言うことを受け入れる」というのは、コミュニケーションを悩んでいる人達には、勇気が出ることじゃないかな。

中野　でも時には相手をいい気持ちにさせて、関係を円滑にするための嘘だから。

鴻上　コミュニケーションが下手な人は、自分に正直な人だと思うんです。例えば、話題を指に例えると、人さし指の先端から第一関節の話をしているのに、突然中指の第一関節の話に移り、第二関節までいったかなと思ったら、突然薬指の第一関節の話になったりと、話が飛んでしまう人がいます。その人の脳に同時多発的に浮かんだことを、正直に語ろうと思った結果だと思うんです。でも聞いているほうは訳がわからなくなってしまう。

だから、人さし指のことを喋っている時に、中指や薬指のことがむずむず浮かんでも、ぐっと我慢して、まず人さし指から片付けて、第一関節、第二関節、第三関節の話をしていく。うまく伝えるためには、同時に語りたいと思う自分に嘘をついて、話す内容を強引にわかりやすい順番に並べてもっていく必要があるんですね。

中野　そうなんですよ。そもそも相手に対してどころか、そんなふうに自分に嘘をつくということも必ず必要になってくる。それを自身に許せるかどうかが、とても重要ですし、言ってみれば、それが知性だと思います。

鴻上　そこに来ましたか！　知性というと、脱落する読者が出てしまいそうですね。でもスポーツと同じで、そういうのも技術であって、ひと言で言えば知性だけど、それは習得可能な知性ですよね。

中野　トレーニングで身につけられる知性ですよね。

鴻上　『同調圧力』（講談社現代新書）という本で、日本世間学会のリーダーである佐藤直樹《さとうなおき》さんと対談させていただいた時に、そのことを「より賢くなる必要がありますね」と僕は話したんです。でも本にまとめる時に「賢くなる」という言い方では伝わらないと思って、何度も書き直したんですが、いい言葉が見つからなかったんですね。

中野　難しいんですよね。「もっと練習しましょう」という感じでしょうか。

鴻上　ずばり言うとそうなんですが、自分がどう嘘をつくかということを、客観的に見るということじゃないですか？　中野さんの言うところのメタ認知をしないと、自分が嘘をついているかどうかがわからない。メタ認知をするということは知性ですが、メタ認知をするためのトレーニングをするということですよね。

中野　メタ認知とは自分自身を客観視する能力のことですね。自分をいわば「斜め上から目線」で観察し、自分の行動を考えたり制御したりすることですけど、もともとできている人と、最初はできなくて、成長していくにつれてできるようになった人がいます。後者のやり方をまねするのが一番いいと思います。「上手にやれるようになった人のやり方をまねしましょう」というのが早道ですよね。

鴻上　僕が小学生の頃は集団登校で通っていて、気を遣うタイプの僕は、人を待たせるのが嫌で集団登校が苦手だったんです。ただ一つ良かったことは、上の世代と知り合えたこと。小学三年生からすると六年生なんて、大きなお兄さんお姉さんなわけで、学年がばらけているとメタ認知が得意な年上の人と出会いやすいです。良いお手本になる年上ですね。

公立だと中学校くらいまでは、多種多彩な人達がいて面白いんですが、偏差値で輪切りになる高校生以降は、似たようなタイプの人が集まることが多くて、メタ認知が難しくなってくる気がします。

中野　集団が均質化していくことで、メタ認知を学ぶ機会が失われていくことは十分あり得ますね。

祈りを数値化する西洋音楽

中野　私は音楽の認知がもともと専門なんですけど、絶対音感と自閉傾向の関連を指摘する論文があるんですよ。自閉というよりは、空気を読む能力が一般的な水準を下回ると言ったほうがいいかもしれませんが。

鴻上　確かに、あるミュージカル俳優さんで、音の捉え方や取り方は見事なんですが、歌を歌い終わった後の演技では、心のやりとりが閉じてる人がいますね。

中野　西洋音楽では、技術重視の視点に立つと、そういった側面が強く表れてしまうきらいはあるかもしれません。

鴻上　日本の音楽では違うんですか？

中野　日本の音楽はみんなと平仄《ひょうそく》いわばリズムとでも言うようなものを合わせるやり方ですよね。旋律もあるようでない。記譜法も音程で決まっているというよりは、音の長さや空気のようなものが記載されていて、西洋音楽の記譜法とはそもそも異なっています。音楽と言えば、西洋音楽であり、その他は「ワールドミュージック」とされている変な分け方が現代では幅をきかせているのですが、どちらかといえば逆で、世界の音楽の中で西洋音楽だけがちょっと異質なんです。

鴻上　それは楽譜という形で、データの受け渡しができるからじゃないですか？

中野　記譜法の汎用度の高さは重要ですね。再現性が高いから、西洋音楽がスタンダードのように見える、というのは大きな要素です。西洋音楽の特徴に、和音の進行や声部の導き方の組み合わせの「和声」が挙げられますが、ほかの音楽体系では「和声」よりも、「旋法」のほうが重要視されているんです。

鴻上　「旋法」とはなんですか？

中野　メロディラインや歌の流れというか。実は旋法のほうが重視される音楽のほうがユニバーサルで、西洋音楽は特殊と言ってもよい。

鴻上　西洋音楽はものすごくロジカルですもんね。感情をデータ化して数値化するなんて、ある種の嘘をつかなければできない。今、思わず体から出てきた祈りを数値化しろなんて、本当はできるわけがないんですが、それを音楽にしてるんですもんね。祈りを数値化したことで共通言語としてメジャーになって、西洋音楽は世界言語になっていったわけですね。

中野　これは音楽だけの話ではなく、現代人の私達は科学をとても信頼していますよね。もちろん私も素敵な思考体系だと思っています。けれど、科学でモノを見ると逆に嘘になってしまうこともあるんです。

例えば、今、科学が定義する健常者の枠組みに入らない人のデータは、全部アウトライヤーとして排除される。けれどもかつての社会では、アウトライヤーは「そういう人もいる」と思われていました。「病」というよりも、むしろ「性質」に近いものだった。昔は、統合失調症の人が、「あの人は神様の声を聞いている」と思われていたという形跡もあります。今の科学の目で見ると「あの人達は幻聴を聴く病気の人である」と受け取り方が違ってきます。科学の目で見ると、歪んだ社会になる可能性もある。それを考慮せず私達は科学の色眼鏡で見ていることを忘れがちだというのは留意すべきでしょう。

いい点を言葉にして褒めるノート

中野　日本ではユダヤ人の考え方に学ぶ本ですとか、アメリカ人の思考があたかも世界標準であるかのように書かれている書籍ですとかも多いですが、意外なことに、イスラエルの本屋に行くと、「日本人に学ぶ」というテーマの本が置いてあったりします。私達日本人は自分達のよさや弱点に無頓着で、もったいないように思えます。

鴻上　海外の人に比べて日本人は「私、バカだし」と言う人が多いですよね。

中野　うーん。それは私もよく言いますね。

鴻上　中野さんほどの高学歴でも言うんですか？

中野　学歴と知性というのはまた違いますからね。

鴻上　そういうことを言う時点で賢いですよ。

若い俳優志望の人達と話すと、「私、バカだし」と言うことが本当に多くて、それはつまり「やがて私は間違いなく失敗するから責めないでね」、もしくは「人からバカと言われると傷つくから、先に自分で言っておく」というある種の予防線を張っているように見えるんです。

中野　ああ、心の受け身の一つですね。あらかじめすり傷ができそうなところに例えば予防的にワセリンを塗っておこう、というような感じです。

鴻上　それは脳科学的にはいいことなんですか?

中野　もし、それでバカと言われても、そんなに傷つかないなら、相手を恨まずにすむというメリットはありますよね。ふいに言われても、まあ足りないところもあるよな、と思いますし。

鴻上　心理学的なレッスンで、自分の良いところを三つ挙げたり、自分の素敵なところを五つ挙げたりするというのがあるでしょう。それを、演劇に応用して、自分が演じるキャラクターの短所と長所をみんなで言い合ってみるんです。

先に自分の演じるキャラクターのネガティブなことを挙げてみて、例えば桃太郎だったら、「命を懸ける冒険に出るのに、きび団子一個でリスクマネジメントしようとしている」とか「個人的になんも恨みもない鬼を倒そうとしている」とかでしょうか。その次に長所も言い合って、「リーダーシップがある」とか「雉を仲間にするなんて冒険心がある」とか。

中野　「愛される」とか。

鴻上　役の理解がぐっと深まって立体的な理解になります。だからそれを実際の人間のレッスンに生かして、自分のいいところを親しい友達同士で言い合ってみたり、自分のことを自分で褒めてみる。お互いのことを、声を出して褒めるというのは、とても有効だと思います。

中野　日本人はパートナーのことを「愚妻だ」と言ってみたり、自分と自分の身内に関して褒めないところがある。「褒める」というのは、日本には見つけづらい文化かもしれませんよね。

鴻上　「世間」は仲間であることが前提なので、あえて褒める必要がなかったんでしょう。逆に口に出すと水臭いと思われてしまうという。褒める時は「社会」に属する人を、自分の「世間」のメンバーにするためだと思いますね。その文化的DNAを「世間」が中途半端に壊れた今でも引きずっている感じがします。

中野　そこは日本人の弱点かもしれない。

鴻上　僕は芝居の稽古などで気になったことを指摘する「ダメ出し」という言葉が嫌いだ

から使わないんです。ダメなことを聞くために集まるって嫌じゃないですか。「ダメ出しします！」って、褒められないことが前提でダメなことしか言われないわけですから。英語だとダメ出しとは言わずに「ノート（ｎｏｔｅ）」と言うんです。

中野　気づいた点ということですね。

鴻上　まさに、演出家のノートに書いてあることを読み上げるわけです。最近、日本人の若手の演出家もノートという言葉を使うようになってきて、僕も代わりの日本語が見つからないのでとうとう使うことにしました。「ダメ出し」だけじゃなくて、いいことも褒めて口に出してくるようになると、日本人も変わってくると思います。

自分を刺激する言葉を厳密に詰めていく

鴻上　コミュニケーションを考える上でも、自分を刺激する言葉に敏感になることは大事ですね。演劇のレッスンで、自分のイメージや感情が変わったところで台本を区切って、区切ったブロックごとにタイトルをつけるという練習方法があります。タイトルにする言葉は、「自分のイメージや感情を刺激する言葉」を使うというルールなんですが、どういう言葉が自分のイメージや感情を刺激するか、思いつかないという人がいるんですよ。

例えば、オーディション前の呟《つぶや》きの台本で、「喉の調子がよくないなあ」というセリフがあったとします。「昨日、カラオケなんて行くんじゃなかった」と悔やむ言葉が続いていて、「喉の〜」を一つのブロックにしたとすると、タイトルに「後悔」という言葉をつけたりする人が多いんです。

でも「後悔」という言葉は、あなたのイメージや感情をちゃんと刺激しますか？　そこで「二度とやらない後悔」というのはどうですか？　と話してみると、そちらのほうが刺激するという反応が返ってきます。

中野　自分だったらどうつけるかな？　と考えてたんですけど、「やばい！」みたいな感じでしょうか。

鴻上　「声帯真っ赤、血どばっ！」というタイトルをつけた人がいて、「おおーっ！」と思いましたね（笑）。その言葉は無条件でイメージを喚起しますし、それまではなんだか調子悪いと思っただけだとしても、そのタイトルによって自分も刺激されます。

中野さんの「やばい」もどれくらいやばいのか、もっと自分を刺激する言葉を選んでいく作業をするといいと思います。

中野　「やばい、焦る、マネージャーになんて説明しよう。コロナにかかったかもしれない。しまった、明日収録なのに」みたいな。

鴻上　マネージャーが出てきたのがいいですね。確かに、コロナにかかったかもしれないと思うほどの喉の痛みは、相当やばいです。

言葉から体に想起されるものは違う

鴻上　僕は教科書の編集委員をやっていますが、文科省から降りてくる教育の目的を記した文章は、漢字と直輸入の英語がとても多いと感じるんです。文章に漢字が増えると、抽象度が高まってしまって、それぞれの編集委員の脳内で、文意を好きなように組み替えることができる。「人間性の涵養《かんよう》」と言ったって、何をもって人間性と言って、何をもって涵養と言うのか。もっと大和《やまと》言葉を使って、具体的に書かないと明確になりません。

中野　身体性を持った言語をあまり使えていないんですよね。

鴻上　それは偏差値エリートである文科省の官僚に身体性という発想が少ないからかもし

れません。演出家でも全く身体性がない人がいて、「ここで表すのは虚無なんだよ」って言ったりするんです。

中野　虚無と言われるよりは、「何もない、からっぽです」と言われたほうがわかる気がしますね。

鴻上　その通りです。「うちに帰っても誰もいなくて、冷蔵庫はからっぽで食べるものがなくて、結局、今日一日誰とも話さずに、一人で酒飲んだ後に布団に入った瞬間」みたいな虚無だよね、とか言えばいいんです。

中野　それはわかりやすいですね。同じ虚無を表していても。随分違います。

　京都大学の総長をされていた山極壽一《やまぎわじゅいち》先生が、「言語が人類の始まりであると思っている人が多いけれど、言語はしょせん7万年前くらいに出てきたごく新しいものだから、そこから始まったというのは違うんじゃないか」と主張しておいでです。人類が直立二足歩行を始めた二百万年前は、歌とダンスのような身体表現によるコミュニケーションが主体であったと。

鴻上　歌ですか！

中野　正確には声と言ったほうがいいでしょうか。言語よりも先にあった声と身体性のほうが、人を説得すると。そう山極先生から伺って、言語でいろいろと動かせるものだと信じていた自分を反省しました。確かに歌で人を集めるほうが書き言葉よりはるかに人を動員もしていますし、トランプ元大統領も声の使い方が巧みな方でしたよね。ヒラリー・クリントン氏はどちらかと言えば、書き言葉的な人でした。

鴻上　トランプ元大統領はあの声と強烈な身体性があったから、アメリカを分断するパワーを持てたと感じます。

学者の先生が書く教科書も、文科省の指導が入ってしまって、中途半端に漢字が多いことが大事だと思われている気がします。ただ、漢字を多用すればするほど、本当は何を伝えたいのかわからなくなると感じます。

日本語だとよくわからなかったけど、ロジカルで具体的に書く英語に翻訳されてやっと「こういうことか！」と、意味がわかった経験ってありますよね。フランス人もそんなことを言っていました。

中野　フランス語もポリティックなところがありますから。

鴻上　ポスト構造主義のフランス人哲学者が、自分が書いた本を英語で読んで、「こんなことを考えてたんだ！」ってよくわかったっていう（笑）。

中野　川端康成の『雪国』の英語版のタイトルが「Snow Country」になっていますが、そう言うと、クリスマス・リースなんかがあったり、おうちで集まってパーティなんかやったりしている楽しい雰囲気がイメージされますよね。

でもフランス語で「Pays de neige」と言うと、しんしんと寒い広い雪原に、灰色の暗い空、誰もいない、どことなく神秘的でロマンチックな感じになったり。同じ「雪国」を指していても、言語によって体の感覚として想起されるものが違ってきます。

レッスンによってイメージとリアルを一致させる

中野　私は思考に関してはメタ認知的な視点を持つよう心掛けていますが、自分の振る舞いまでもメタ認知できているかというと、そうとは言えない。自分のこんな振る舞いが悪い印象を与えるとか、こうしたら良い印象になるということが、わかりづらいなとよく思います。

笑いすぎてもいけないし、笑わなさすぎてもダメ。じっと見つめすぎてもおかしいし、見なさすぎても変になる。姿勢は良いほうがいいのか、リラックスしていたほうがいいのか。そういう演出的な視点で自分を見るトレーニングをやってみたいです。

鴻上　今自分がしているポーズを、客観的に見るためにはまさに「ちゃんとした身体感覚」が必要ですね。運動神経のいい人は、脳内のイメージの体と実際のリアルな体が一致していて、どこにバットを出すか、どうレシーブの手を出すか、ダンスをしていたらどんなポーズになっているか、イメージと実際の身体との誤差が少ないんです。一般人は脳内ではすごくきれいなポーズになっていても、実際は違うことが多い。

アメリカの心理学の実験で、ゴルフ未経験者を集めて二つに分けて、一つのグループにはクラブとボールを渡して好きなように練習をさせて、片方にはプロの一流のショットのビデオをずっと見せ続けたというのがあります。そして一週間後に一緒にコースを回ったら、ビデオを見続けたグループのほうが成績が良かったというんです。

つまりダンスでいうと、やみくもにダンスレッスンするよりも、まず一級のダンサーのダンスを見続けるほうが効果的で、その実験を知ってからは、俳優にはむやみやたらにやらせるのではなく、常に鏡で自分の体をチェックするのと、上手な人のダンスを見てもらっています。

鏡の前でポーズをとって、鏡を見て、脳内のイメージとリアルのズレを修正する。そのレッスンを続けていくと、イメージとリアルが一致し始めてきます。一致するようになると、今度は客席から自分を見ているもう一人の自分を感じられるようになるんです。自分のイメージがリアルとずれなくなるので、始めはぼやーとしていた客席の自分がだんだんとリアルに座り始めます。

中野　それは面白いですね。

鴻上　僕が見ていると、この人は本当に客席に自分がいるなという人、まだぼやっとしかいない人と、まったく客席にいない人がわかるので、演出もそれによって分けていきます。客席に自分がいる役者の演出をする時は、こんな楽なことはない（笑）。稽古時間も、とても短くてすみます。

中野　まずは鏡を買うことにします。

鴻上　客観的に見るには、やっぱり全身が映る大きな鏡が必要でしょうね。ご自身が出ているテレビを見ても、映像で流れていってしまうので、検証ができないですから。

中野 放送ではカットされていて、動きの途中で終ってしまうことも多いですしね。

鴻上 最初は大きい鏡の前で目を閉じたまま、床と平行になるイメージで両腕を広げてみてください。目を開けて、確認するとだいたいズレているんです。何度もくり返して直していって慣れてきたら、今度は右腕を45度上、左腕は45度下に斜めになるようにやってみる。一本の線になるようにするんです。それも一致し始めると、だんだん客席に自分がいるようになりますよ。

反対に、「リアルな体」と「イメージの体」のズレが激しいと、タンスの角に小指をぶつけることが多かったり、なんでもないところでつまずいたりしますね。

中野 普通の人は、体の表側しか見ていませんが、ダンサーの方達は自分の体の裏側も見てますよね。

鴻上 さすがに真後ろはビデオを撮るしかないんじゃないかな。市販のビデオが出た頃に、稽古に導入して撮ったビデオを役者に見せたら、みんな嫌な顔をしてました。ビデオ撮影は役者が大反対（笑）。でも表側がイメージできるようになったら、昔の俳優は真後ろもできていましたから大丈夫だと思います。

告げ口と正しく喋ることの違いとは

鴻上　アメリカで「タトリングかテリング（Tattling or Telling）」という授業があって、ぜひ日本にも導入してほしいと思っています。「タトリング」というのは告げ口という意味で、「テリング」は情報。本当は「タトルかインフォーム（inform）」と言うのが正しいんですが、頭文字のTを合わせて「タトリングかテリング」。

例えば、友達がバッグの中にナイフを入れているのを見つけた場合、先生に言うのは、告げ口か、必要な情報か？　友達が教科書に落書きをしたことを先生に言うのは、どちらか？　トイレにマリファナが落ちていたとか、いろいろな課題や例題を、どちらか分けていくんです。

中野　マリファナというのが、アメリカっぽいですね（笑）。

鴻上　アメリカの学校の基準では、落書きを先生に言うのは告げ口で、余計なお世話で黙っておくこと。でもバッグにナイフが入っていることや、マリファナが落ちていたことは、言うべきことで告げ口ではないと分ける。

中野　とても実践的ですよね。誰それ先生が誰それちゃんのパンツを脱がしてましたとか？

鴻上　それは明らかにテリングですね。生命や身体の危機に関することは告げ口にならなくて無条件で言いなさい。でも教科書の落書きや、帰り道の買い食いだとか、生命や身体の危機にならないことは、告げ口になって周りから君が突っ込まれる可能性がある。一つ一つ考えていく「タトリングかテリング」は、一番いい道徳の授業になると思いました。

アメリカでは、これだけたくさんの人種がいて、価値観が交錯してきたから、思いやりだとか気遣いだとか、絆だとか団結って言ってる場合じゃなくて、いちいち決めるしかないんですよね。日本も、どんどん価値観が多様化して、大晦日にＴＶを見るのか、ネットの動画を見るのか分かれてきている時代ですから、ぜひこの考えを導入して欲しいと思います。いじめを見ても、先生に言うと「告げ口」だと思われるからと言わない人が多い。でも言わないと人が死ぬ場合があるんです。

中野　私が今の話を聞いて思い出すのは、必ずしも「タトリングかテリング」ではないけれども、SNSで話題になった、スーパーの総菜売り場でポテトサラダを買っていた若いママに、知らない高齢の男性が「母親ならポテトサラダくらい作ったらどうだ」と言った話ですね。「おまえは作ったことあるのかよ」等の突っ込みを10は即座に思いついてしまうくらい、感情を刺激される不快な言葉です。その言葉の中には、料理はお母さんが作るものという正義があって、その正義で他の人のことを縛ろうとする独善性があります。公に向けて「この母親は〇〇だ！」とタトリングしようとするのにも似ている。余計なお世話なのか言うべきことなのかプラクティカルに考える機会を教育の中で作っていけるといいですね。

言葉以外に届く表現方法

鴻上　僕は中学校のテニス部で、絆だとか団結だとかに巻き込まれたり、ろくでもない先輩ほど振り回してくる「長幼の序」という「世間」のルールをくぐり抜けたりする経験をしました。このシステムは21世紀に生き伸びてはいけないぞと思いながら、ここまできました。

中野　口ではみんな、平等が大切だと言いますが、一方で、何度も繰り返しそう言わなきゃいけないくらい、現実には平等ではないことをみんな知っている。平等じゃないほうが心地よいことも、明文化されてはいなくても、なんとなく感じてはいるんです。

例えば、リーダーとして選ばれる人は、それが国や大きなレベルではない組織のリーダーであっても、強く印象的にできるだけ短い言葉で、はっきりと物を言う人が支持を集めやすい。言っていることが間違っているかもしれなくても、「ついてこい！」と言う人のほうが、じっくりと話を聞く人よりもずっとリーダーとしてふさわしいと見なされてしまう。

この傾向は我々の「不完全な社会性」の特徴とも言えて、集団を作る上で一番効率のいいやり方だからそっちを選ぶように仕組まれている。つまり我々は、認知負荷がかからないほうに引っぱられてしまう。自分で思っているよりずっと人間は頭が悪いんです。残念ながら、物を深く考えるようにはできていないんです。

鴻上　結局、自由とか権利とか言ってはいても、強いリーダーに従うほうが楽だし、実は気持ちがいいと思っているということですね。

中野　もしそんなふうに物事を考える人が多いとなると、私が言葉を尽くして説明をしたとしても、届くのは限定されたごく一部の人たちだけになる。違う表現方法も考えていく必要がある。鴻上さんが携わっている演劇という表現方法は、人に届くやり方としてとても有効じゃないですか？

鴻上　いやいや、演劇が届く数は、ＴＶやネットの動画に比べたらそれこそ限定されたごく一部です。

かと言って、演劇でも十万人レベルの聴衆に届けようとすると、作品のメッセージはとてもシンプルだったり、わかりやすくする必要があるでしょう。僕、一度、二千五百人の聴衆を相手に講演会をやったんですが、ちょっとひねった言い方は通じないことがよくわかったんです。「愛は残酷であるがゆえに素晴らしい」はなかなかみんな聞かなくて、モゾモゾする。でも「愛は素晴らしい」だと、みんな集中して聞いてくれるんです。声を届けるために、リーダーは、聴衆が味わえる、ある種の快感を刺激していかなくちゃいけないですね。

中野　虚構性を使わないといけなくなってくるというのは、ジレンマですね。

鴻上　脳科学もまた、強力で単純なメッセージを求められやすいでしょう。

例えば、テレビで努力して成り上がった人が、「努力が好きな人と努力しようとしてもできない人がいるのは、遺伝的に脳の構造が違うから」と発言することで、努力できなかった人を一刀両断で切っていくことがあるじゃないですか。

中野　そういう強さを持ったメッセージの方が視聴者の耳目をひくので、どんどん過激に演出されがちではありますよね。

鴻上　でもそれだけじゃないということも、脳科学の立場から発信してほしいですよね。

中野　発信してるんですが、あんまり受けとってもらえないんです。例えば、ある人が1の努力ですんだことがあるとします。でもそれはn＝1にすぎない。別の人では10の努力が必要かもしれないということも当然あり得る。でも、そういうことは、メディアではあまり議論されません。テレビの尺では足りないし、そんな「ややこしい」話、理解にエネルギーのいる話を誰も聞きたくないからです。

認知負荷が低いことは気持ちがいい

中野　音声言語の習得は運動学習に似ています。その動きを長く覚えていることよりも、ダメな動きを忘れていく、捨てていくことのほうが重要だという。音声言語の学習も運動学習のように、どれだけ削ぎ落とせるかが大事。自分の言いたいことを全部伝えることがコミュニケーションではない、一番伝えたいことを定めて、他を捨てる能力が重要です。

鴻上　僕がよく役者に言うのは、「癖は気持ちいい」ということ。胸の前で両手を合わせて組むと、人によっては左手の親指が胸に近い人と、逆の右手の親指が近い人がいて、それを逆にしてみると、すごく気持ち悪いんですよ。

中野　ああ、ほんとだ。やってみると、なんか変な感じがしますね。

鴻上　逆に言うと、無意識に組んだ形が、気持ちいいということですよね。ダメな思考はきっと身になじんでいて、だから脳科学的にもダメな思考が気持ちよくなってしまうんじゃないですか？

中野　認知負荷が低いことのほうが「快」であるので、逆にあえて認知負荷が高いことをやってみるのはいいかもしれませんね。

鴻上　そこなんですよ。認知負荷が低いことは気持ちがいいけれど、認知負荷の高いことをやったほうがいいとどう人に伝えていくか。そのためにはなにかしらの動機付けが必要でしょう。

認知負荷が低いことに甘んじると、「〇〇人はゴミだ」とかの思考に陥って、中野さんの言葉で言う「脳が楽をしている状態」になってしまいます。

中野　脳が怠けているというか…。

鴻上　この40年で演劇界も、認知負荷が低いほうにどんどん進んでいます。昔は天井から一筋の光を射してUFOだと言ったら、観客は脳内でUFOを想像できましたが、今はコンピューター制御のムービングライトを30台くらい用意して、全部のライトを一気に中央に集めてやっとUFOと認識してもらえる。きっとあと5年もしたら、天井から降りてきた大きな物体も用意して、それを50台くらいのムービングライトで照らさないと成立しなくなりますよ。でもプロの演出家としては、認知負荷の楽なほうを選ぶ観客に、演出を合わせるしかないわけです。一度、他の舞台でそういう表現を見たら、もう、戻れませんからね。それは演劇だけではなく、ＣＧを多用する映画や他のエンターテインメントの共通の傾向だと思います。

中野 物理学者の朝永振一郎《ともながしんいちろう》さんの『鏡のなかの世界』（みすず書房）という本で、「鏡を見て自分の部屋を移動すると、普段自分が過ごしている世界のはずなんだけど、逆に映っているだけでまるで新しい世界になる。その新しい世界を楽しむのが自分は好きだ」と書かれています。ノーベル賞を受賞される方は、認知負荷の高いところをわくわくして楽しむことができるんだな、と思いました。

鴻上 それは面白いですね。脳科学的に認知負荷が高いことを快感にする方法はありますか？

中野 慣れていることは「快」ではありますが、慣れていない認知負荷の高いことは「面白い」はずなんです。その「面白い」をどれだけ作れるかが勝負ですね。

鴻上 日本人は真面目な人が多いので、認知負荷が高いかどうかを０か１００かで考えてしまいがちですが、認知負荷がそれほど高くないことをまずはやってみて、飽きてきたら徐々に認知負荷の高いところのものを、バランスを取りながら進めていくといいかもしれませんね。

面白いことから脳に快感を与える

中野　一方で、私達日本人は、わかりやすくて面白いことは、どこか他人に後ろ指をさされかねない、よくないことだと考える傾向がありますよね。

鴻上　それは小学校以来の教育に問題があると考えます。国語の教科者に載っている文章は、つまらないほど価値が高いと評価されているじゃないですか。学校で楽しくワークショップをやると真面目な先生から「遊んでいるんですか？」と言われたりするんです。でも本当に面白いことは、「学び」と「遊び」を分けないんです。

ちなみに、僕が思う活字離れの一番の原因は、異様に芥川賞の評価が高いことだと思ってます。ぶっちゃけて言うと、芥川賞は物語が面白いことより、文体が勝負なわけですよ。文体を味わえる人は、本を読み慣れたレベルの高い人達。芥川賞ではなく、直木賞こそが活字の面白さ、次々とページをめくりたくなるような物語の面白さがあるんです。

中野　本屋大賞受賞作も私は好きですね。

鴻上　直木賞を取った人が親戚のおばさんから、「次こそは芥川賞を取ってね」と言われたっていう作家の話を聞いたことがあるくらい、一般の印象では芥川賞が金メダルで、直木賞が銀メダル。マスコミがそう位置付けをしてしまったことで、活字離れが進んで、自分達の首を絞めてるんですよね。読書を楽しむためには、直木賞の受賞作を読んで、脳に快感を与えることから始めていかないと。

もしかして、本を読んで脳を使って一生懸命にモノを考えると、シナプス同士が繋がりやすくなったりするんですか？

中野　繋がる、というのは長期増強のことですね。長期増強というのはＬＴＰ（Long-Term Potentiation）と言って、ざっくりいうと神経細胞同士の間のやりとりが持続的に増強されることを言います。学習量が多くなるとこの現象がより多くのシナプス（神経細胞同士のやりとりが起きるサイト）で起きる可能性は高くなるかもしれませんね。

鴻上　たくさん学習したり、いっぱいモノを考えたりしていると、シナプスがたくさん繋がっていく。そういうイメージを持つだけでも、本を読む甲斐はありますね。

中野　ちょっといつもと違うものを食べてみるだけでもいいんです。現代アートにお詳しい、あるビジネスパーソンとお話をしていて、現在住んでいらっしゃるニュージーランドから飛行機で移動される時は、絶対に自分は見ないだろうなと思う映画から見ると仰ってましたね。

鴻上　そういう刺激を受け止められるには精神的な余裕が必要ですよね。僕なんか疲れてくると、甘いものが欲しくなって普段飲まない甘い炭酸ジュースを飲み、絶対脳を使わないであろうアクション映画を選んで、登場した瞬間に悪者だとわかるようなキャラクター変更のないものを見てしまう（笑）。

中野　この人、絶対に終盤で死ぬな、みたいな（笑）。

鴻上　生活に疲れてくるとそうなっちゃいますね。

認知負荷が高いことに向き合う訓練

鴻上　「世間」が求めている日本人のコミュニケーションの基本は、年上を敬う「長幼の序」であったり、一緒の時間を過ごすことが仲間であるという「共通の時間認識」だったりします。すでに結論への根回しが終わっているのに、ただいるだけの無意味な会議をするなんていい例です。

でもコロナでリモートワークが増えたことで、飲み会なんてなくてもよかったんじゃないかと気づいた人が多かったと思います。でも同時に、「Ｚｏｏｍでの上席はどこか？」という日本人特有の議論が出たり、上司より先にＺｏｏｍに入って、上司が退出してから自分も出るという謎マナーが拡大していたり、今まさに混沌と揺れ動いています。

コロナが終わった後の状況は現段階ではわかりませんが、もし普通に飲めるようになった時に、この不安な経験を元に、日本人はより密接に繋がりたいとさかんに飲み会をするようになるのか、コロナの間、飲まなくても大丈夫だったから頻繁には飲まなくて平気、というどちらに着地をするんだろうと思って見ています。

中野　よりクラスター内部の結束が強固になって、クラスター同士は分断されるんじゃないでしょうか。

鴻上　それは、最も悲観的な予測ですね。本当に厄介な未来です。分断が加速して、いわゆるクラスター内の団結が強く求められて、そのぶん排他性が強くなっていくという。

中野　人目を忍んででも誰かに会いたい、飲みたい人と、会わなくても平気な人との差が出てくるでしょうね。

鴻上　中野さんが仰ったように、飲みたい人とそうでもない人の差が出てくるということは、裏から言うと、自分にとっての自由度がわかってくるということですよね。この会議はリモートでもいいけれど、この話題はさすがに顔と顔を突き合わせて話そう、今日の打ち合わせは気持ちが落ち込む内容だからおいしいモノを食べながら、気持ちだけは上向きにして話をしようとか。無駄にやっていた会議に対して、自分の中で思考するきっかけを、やっとコロナが与えてくれたところはあると僕は思っています。

今まではただ会社の「世間」に従ったけれど、一つ一つ、自分で、これはリモートでいいんじゃないか、これは対面で、と思考するのは、認知負荷が高いことに向き合う訓練をさせてくれていると、前向きに思っています。

中野　思考停止が解除されるといいですけどね。

鴻上　自分が求めるコミュニケーションは何か？　日常で認知負荷の高いもの、低いものをどれくらいのバランスで選択しているんだろうと考えるきっかけをくれたのは、コロナの唯一のポジティブな面です。

準拠集団によって人は一番変わっていく

鴻上 きっとみんな、認知負荷の高いものを面白がってくれるはずだと思って、僕は中野さんと対談をしているんですが、世の中を見てみると、Ｔｗｉｔｔｅｒのフォロワー数が何百万、何十万という人達こそ、実にわかりやすい言葉で一刀両断に語っていたりしますよね。そういうふうに認知負荷の低くて理解しやすいものを、みんなが求めているように感じると、これが日本国民の成熟度で、本当の意味での民度なのかと思います。

中野 ああいうスナック菓子のような言説もいいんですが、たまにはするめいかみたいな歯応えのあるものもお願いしたいです。

鴻上 僕が中学生の時に、「価値判断の相違について」というテーマの学校内弁論大会で、「うちの学校は校則が厳しいけれど、ここよりも都会の松山ではこんな校則はない。すべてが価値判断の相違で、この校則が絶対の真理ではない」という弁論をしたんです。教師達が、それを疑問に思わないのが不思議でしょうがなかったんです。そんなことを思い出しました。脳科学的には、みんなが認知負荷が高いことを自然にやれるには、どうしたらいいんでしょうか。

中野　認知負荷が高いことを好むか好まないか、努力ができるかできないか、それぞれ性格遺伝子によって決まると考えられていますが、先ほどいったように遺伝的な影響がすべてというわけでもない。遺伝的な要素が１００％ではなくて、その人の価値判断のベースとなる「これはみんなにどう思われるかな？」の「みんな」を示す準拠集団によって、人は一番変わっていくんです。

遠い道のりかもしれませんが、認知負荷の高いことを味わえる人が、「こっちのほうが楽しいよ」と地道に言い続けていくしかないですね。

人間は言語を読みたいように読む

鴻上　中野さんのテレビでのコメントを見てると、「この人上手いところすり抜けていくな」と毎回思うんですよ。ちゃんと炎上しそうな所をかわして、ぼんやりと言いたいことを言ってるなって感じがすごいするんです。

中野　それは、やっぱり、私がいわゆる「勝ち組」ではないからじゃないですかね。それに、発言の解像度を上げすぎないっていうのも、すごく私は気をつけています。「解説者」にならないように…。

鴻上　ただ、解像度を上げないとモヤりませんか？　僕も1年間ひょんなことで、ワイドショーのコメンテーターをやったんですけど、ちゃんと言わないとモヤモヤするから、解像度上げて話してしまって、ネットで発言を取り上げられて、ちょくちょく炎上してました。

ちょうど2020年のコロナで「休業補償と自粛要請はセット」だって言ってた時に、演劇界は、自分らだけ特権だと思ってんだろうみたいな炎上の仕方もしました。

中野　ああ、覚えています。

鴻上　その時に僕の知り合いの大手のプロダクションの社長が、炎上の話を聞いて、「我々は年間10億円の法人税を払っているんだ。だからこそ、今芝居が何本も中止になったことに対して、休業補償を求めるのは、当たり前だと思ってるんだ」と言ってくれたというのをテレビで紹介したら、鴻上は年間10億の税金を払っているっていうのがいきなりTwitterで広がってました。

中野　頭がクラクラしますね。

鴻上　すごいでしょ。さらに、某大学の准教授が「劇団員を奴隷のように働かせて、鴻上はもうけているんだ」とかＴｗｉｔｔｅｒで書いてるわけ。劇団員を奴隷のように働かせて、10億納税できるほどもうかるんだったら、俺はやるぞって思いましたよ（笑）。その人に抗議のツイートを送ったけど、完全に無視されました。

はっきり思ったことは、テレビだと正確な情報は伝わらないんだということです。こんなにテレビというのが情緒的で、理性的な伝達能力が低いとは、ただただ、驚きでした。

中野　かなり気を使いますね。言語の怖さですよね。特に視覚の言語って、Ｔｗｉｔｔｅｒもそうなんですが、言葉が短くなっていけばいくほど、人間の存在が記号化しちゃうんですよ。記号化した時にはさげすんでもいい存在になったり、どんなに攻撃しても倒れないラスボス的な悪の権化みたいな存在にされたりしてしまうんです。

鴻上　人間は言語を読みやすいように読む。それは脳の機能としてなにかあるんですか？

中野　そうですね、いわゆるゲシュタルト認知をするようなものですよね。もう、すでに理解のひな形がそれぞれの脳にあるんです。で、記号はそこにあてはめるだけ。でも、言語って、そもそもそういうもの。文字の成り立ちがそうじゃないですか。木そのものを葉っぱ1枚まで描くよりは、木の造形を模した形で記号として表す。その記号を受け取ったら、それぞれの脳内で再生する。

存在が濃縮された「濃縮果汁」としての文字を受け取ったら、それぞれの脳内で、それぞれの脳内にある「水」で希釈して還元しちゃう。それぞれの脳によって戻す水が違う、それぞれ異なる「濃縮果汁還元」みたいなことが起きてるわけですよ。

気持ちいい情報は大体間違いと思え

鴻上　でも、例えば、壁に、狼がいるぞみたいなことが書かれていたとします。それは、不利な情報なんだけど、ちゃんと脳は自分にとって悪い情報も見るでしょう?。

中野　そう思うでしょう?　でも、これ、とてもマジカルなところで、悪い情報を好むタイプの人もいるんです。映画なんかの終末モノを好んで見る人とか、「寝取られ」が快感という一見、変態的な人とか。悪い情報をあらかじめ知っておくことで、限度を推定できるので安心できるという。

一方で、悪いことを思うと、悪いことが起こるんじゃないかっていう信仰もあるんですよ。言霊を非常に気にして、いちいち言いかえるような。そういう思考の枠組みの集団では都合の悪いことは無かったことにする。場合によってはそういうことが国家レベルで起きることがある。「いじめなし」なんて典型例かもしれません。もちろん、本当にないという学校もあるんでしょうが、「いじめは、あってはならない、だから、なかったことにしよう」になってしまうこともある。無視されるんです。「なかったことにしよう」となると、あとはやり放題という。

本来、あってはならないってことは、もうどんな手を使ってでも、しらみつぶしに探さなきゃいけないはずです。しかし、悪い情報はなかったことにして目をつぶってしまうということはよく起きるんです。

鴻上　それはわかります。でも、ある言葉や事実に接した時に、なるべく自分にとって都合のいい解釈ではなくて、脳が目をつぶらないで見る方法はないんですかね？

例えば、同じ世間の同じ人たちとばっかり話をしてると、どんどん現実が見えなくなってくるじゃないですか。いわゆるネットでも、自分と似たような意見の人ばっかり読んでいると、完全に固定化された視点になってしまう。
でもね、例えば僕が行ってるうどん屋さんのマスターは、基本的にはリベラルな意見の人なんだけど、Ｔｗｉｔｔｅｒで、右の人も左の人も両方、割といろんな人をフォローしてるんです。それで、僕に「鴻上さんね、面白いんだよね。やっぱりあいつらの話を聞いてるとね、いろんなこと言ってんだよね」みたいなことを教えてくれるんです。あえて違う人の意見もちゃんとフォローして、それを割と楽しんでるんですよね。そういう、ある特定の言説というか、言葉に浸りすぎない脳科学的な対策はないもんなんですかね。

中野　そうですね、自分で気を付けられる方法ですよね。それは、本当に難しいですよ。「気持ちいい情報は大体間違い」って思っておくとかですかね。

鴻上　ああいいですね。確かに。「わかりやすすぎる説明は大体間違い」って、僕はよく言います。でも、気持ちよさからなかなか外れられないですよね。でも、同時に人間は気持ちよさから外れられないと言いながら、ダイエットに成功する人は確実にいるでしょう。

中野　それは期間限定だからか、ダイエットした結果の形が気持ちいいからですよ。

鴻上　ああ、次の気持ちよさに移るんですね。それいいじゃないですか。つまり、陰謀論にはまって、仲間を作って語る気持ちよさに比べて、その陰謀論から抜け出して、世界が広がった時にまだ見ぬ言葉を語る人と出会える方の気持ちよさが増せばいいわけですよね。

中野　有名なデマに、「マンボウは3億個の卵を産むが、2匹しか成魚になれない」というものがあります。専門家によれば、実態はまだよくわかっていないということなんですけど、1921年の『Nature』にマンボウの卵巣には3億個の卵がある、という一文を含んだ論文が載っているんです。もちろん卵巣の中にあるのは、未成熟卵で、全てが産卵されるわけじゃない。それなのになぜか、3億個産まれることになってしまった。

2匹、というのもまったく科学的には根拠のない話で、少なくともオスとメスの2匹が生き残っていれば種は滅びないだろう、という憶測、または図鑑などに描かれた単なるイメージ図がひとり歩きしたものじゃないかと考えられています。

3億個からたった2匹、という数字のギャップの強烈さと、イメージのインパクトで「わかりやすい」話に仕上がってしまった結果、ゲームアプリまで開発される「名デマ（?）」になってしまったというわけなんです。

上手に話を聞く方法

中野　今まで話すことにフォーカスを当ててきましたが、鴻上さんは人生相談の名手でもいらっしゃる。人から相談を受けるときに気をつけていることはありますか？

鴻上　僕が相談事を聞きながら、常に、気をつけていることは、話を聞きながら、この人は何を言いたいんだろう、一番言いたいことはなんだろうっていうことを、考えて、同時に感じることですね。考えるだけだと、ちょっとミスリーディングする可能性があるわけで、表情や雰囲気を感じることも必要だと思います。

中野　それは、どうやったら上手にできるようになるんですか。

鴻上　いやいや、それは経験しかないと思いますよ。場数をこなすしかないんです。だって演出家の僕が、22歳からずっと何をやってきたかっていうと、話を聞くことですから。

稽古休みの日に呼び出されて、女優さんが延々、「なんかこのセリフは言いにくい、このセリフは言いにくい」と言ってるわけです。それで、一生懸命「いや、このセリフはこういう意味でね」って説明するんだけど、何回説明しても、言いにくい言いにくいって言ってる。

で、二時間ぐらいした後にまさかと思ってピンと来て、「相手役の人がちょっと物足りないですか?」とかって言うと、急に顔がふっと変わって、「そんなこと私が言えるわけないじゃないですか、でも、ほんとにこのセリフは言いにくいんですよね」っていう風になるんですよ。

中野 セリフじゃなくて、相手がダメだったわけですか。

鴻上 そうなんです。相手役が下手なのか、嫌いなのかわからないけど、とにかくこの相手役とやりたくないんだということを、ずっと、その相手役に言うセリフがわからないという形で言うんだっていうのは本当に衝撃でしたね。だからやっぱりそういう経験しないと無理じゃないかな。最初は、女優さんの話を考えてばっかりいたから、そのセリフの説明を一生懸命したわけだけど、もうちょっと早く、あれ、この人、僕が説明してても、何にも気持ちが楽になった感じがしないぞっていう風に感じていれば、二時間喋らなくても良かったかもしれない。だから、考えることと感じることを同時にしながら一番重要なことはなんだろうってことを常に思ってますね。

だから、上手に人の話を聞けるようになるかっていうのは、脳科学的にどういうかわかんないですけど、人は、ずばりと本当の本質を語ってはくれないので、その本質の周りからこの人が一番言いたいことはなんだろうっていうことを考えて感じるっていう訓練が必要だと思います。

中野 ただ愚痴を言いたいだけっていう時もありますよね。

鴻上 ありますね。俳優さんで、ぐちぐちぐちぐち言って、この人は何が言いたいんだろ、あ、とにかく愚痴を言いたいだけなんだっていう人ももちろんいるんですよ。その時は逆に、これが問題ですか？　と、ピックアップしちゃいけないんです。

この人は、単にガスを抜きたくて、グジグジ言ってるだけなのか、実はもう相手役とはできないと思ってギリギリ言ってるのかっていうのは、見極めるのはほんと難しい。でも、ガス抜きだと一時間ぐらい喋ると、結構、相手の顔がスッキリしてきたりする。顔で判断できるってのはありますね。

中野 話を聞くときに、ちまたの本にはオウム返しがいいと書いてあったりしますが、ずいぶんナメてるな、と感じる人そこそこいるんじゃないですかね？　本当に聞いているかどうかなんて相手もすぐにわかりますよね。話していることに矛盾があるように思った時は、あなたの話をちゃんと聞いているよと示せるように、聞き返すのも大事ですよね。

鴻上　すごく正解だと思いますよ。オウム返しがいいですっていうのは、なんて答えていいかわかんない時にオウム返しがいいってだけの話だと思います。

特に男性は往々にして、「こんなことがあったんだよね」とグチりたいだけなのに、「それは相手が悪い」とか、「それはお前の対応がまずい」みたいな余計なアドバイスをしがちなんです。「言いたいことを先に語れ」みたいな育てられ方をされちゃったからだと思うんですけど。だから、とにかく聞いてほしいっていう人の場合は、やっぱりオウム返しが有効だったりします。

ただ、オウム返ししときゃいいんだと思ってしまうと、ほんとにあなた話を聞いてないでしょってていう風になっちゃうから、ちゃんと中野さんの仰るように、聞いてるっていうことを相手に伝えるために、「え、それどういうこと？」と聞き返した方がいい。話を促すとか、話をもう一つ次に展開させるとか、あなたの話を聞いてますよっていうサインをだしてあげると相手も安心します。

相談する時は目的を決める

鴻上　自分が相談する時も、何を一番目的とするか決めておくということがすごい大事だと思います。お互いが、ガス抜きをしたいっていう目的だとすると、片っぽが散々喋った後に、じゃあ、今度は私の話を聞いてねっていうふうに、お互いがガス抜きし合えるでしょう。

ただ、自分がすごい大変な問題を抱えていて、相手が抱えてない時に、問題を解決するアドバイスを求めているのか、それともただ愚痴を聞いてほしいのか、何が目的なのかってことは喋る前に決めといた方がいいと思うんですよ。これを解決したいから、知恵が欲しいんだっていう場合は、多分相手はじっくり聞いてくれるし、ちゃんと有効かどうかわからないけど、アドバイスはくれると思うんです。

だけど、すごいつらいことがあったとか、すごい仕事がしんどくて愚痴りたいっていう時は、気をつけたほうがいいですね。片方が愚痴りたい、もう片方が愚痴ること何もないって言うときに、延々と愚痴を言うと、相手に重圧とかしんどさが伝染るだけ。人の話聞いて、嫌な気持ちになって終わってしまうわけで、これでは人間関係は続きにくいですね。

中野 その場合は何か明示的に利益が相手にもたらされる形でお返しをするといいと言われてます。

鴻上 そうそう。とにかく自分だけが愚痴を聞いてもらうわけで、お互いさまじゃないんだから、ごめんねっていうことは、ちゃんと示しておいた方がいいですよね。

ただ、長い友人関係だったら、前回は私がいっぱいあなたの愚痴を聞いてあげたから、今日は私の聞いてねっていう、長い期間だと成立することはありますよね。

第6章

コミュニケーションとエンタメとアート

エンタメは人生の処方箋

鴻上　日本人に特徴的なセロトニントランスポーターの密度の少なさによって、やがて爆発は起こるのでしょうか？

中野　ええ。ここに別の概念を導入してみましょう。人間は行いに対して、公正な結果が返ってくるという「公正世界仮説」というバイアスを誰でも持っているんです。このバイアスにかかりやすい人は、協調性と誠実性が強いというのが特徴と考えられていて、誠実性とは「世界が公正であるのなら自分も誠実でいよう」とすることです。自分が理不尽な目に遭っても、他の人も我慢している、あるいは我慢することになるに違いないから自分も耐えられる、と信じている。そして「公正」が行われない時、もしくは「正義」と言い換えてもいいですが、それこそ爆発してしまう。

鴻上　人は自分が見たいものしか見ないですから、公正じゃないという現実を受け入れられるかどうかはすごく難しいことですが、現実を知ったら耐えられないかもしれないですね。

中野　耐えられないものを、なんとか受け入れる耐性を作るワクチンのようなものとして、それを耐えるリハーサルとして、創作やお芝居、本や映画などの物語は機能しているのかもしれません。必ずしも勝ち組になることがゴールではなくて、苦しい状態をどう乗り越えて、どう解消していったのか。そういったことをリハーサルするための物語。それは、実は社会の資産なんです。だから、今はパンデミックで経済的にも辛い時期だから、文化的な資産は無駄で支援金を渡さないというのはとても危険なことでしょう。不要不急だからといって文化的資産を切り捨てた結果が、目を覆うような事件に繋がっていくんじゃないかとさえ自分は思っています。

鴻上　不急かもしれませんが、絶対に不要はないですよね。苦しい状態に耐えるリハーサルとしての物語ですね。なるほど。

それでいうと、芝居を作る時、何人の観客を想定するかによって芝居のパターンが変わってくるんですよ。二万人、三万人を想定したら最終的には多くの人が納得できる着地点を探しますが、五千人ぐらいの場合は、この結末はどうですか？　という問題提起が出せたりする。

さらに言うと、観客の人数が百五十人くらいの規模の舞台なら、物語が破綻していて辻褄が合っていなくても、全然大丈夫なんですよ。大袈裟ではなく、目の前の役者の息遣いが、物語に魂を吹き込んでくれる。矛盾したストーリーをチョイスしても観客は納得するし、観客にとって忘れ難い経験になります。

ところが客席が千二百席とか大きくなると、ロジカルな物語を作らないと客は退屈して、「どうしてあの人はこんなことを選んだのか」と納得できなくなるんです。

中野 そういえば、歌舞伎を観ていると、なんの脈絡もなくいきなり義経が出てきて、「えっ！　義経がいる時代だっけ？」と思いながらも、わーっと会場が湧くことがありますよね。

鴻上 たぶん昔の芝居小屋の密度なんじゃないですか。

中野 物語が変化する境目は何人くらいなんですか。

鴻上 僕の経験で言うと、興行的には八百席くらいでしょうか。

中野 そうなんですね。人間が自分達の仲間であると認知できる数は、だいたい百五十人くらいとされていますよね。千五百人あたりにもう一つの境目があって、幅はあるんですが、その中間的な値として、八百人くらいというのがあるのかもしれません。

鴻上　現実は簡単には微笑まないことを知るためのレッスンとして、アートや物語が機能できたら、現実を見られるようになってくるかもしれないですね。でも、そういう作品を選ぶことは、とても認知負荷が高いんですよね。

中野　こういうことが自分にも降りかかるんだと準備しておくことで、大きなダメージをより柔軟に受け止め、回復を早めることができますよね。

そのことに関連して、終末モノの映画を好きな人とそうでない人が、パンデミックにどう対応したか調べた研究者がいるのですが、終末モノを好きな人のほうが家に備蓄していたり、きちんとマスクをつけたり、危機対応が適切だったというんです。エンタメがいわば避難訓練になったという言い方は不適切かもしれませんが、危機に適切に対応できて生き延びる確率が高くなるのだとしたら、その効果は無視できない。こんな時にはこうしようというトレーニングを、エンタメとして楽しみながら学んでいたようなものです。

鴻上　なるほど。危機に対するものだったり、恋愛に対するものだったり、効能は違うかもしれませんが、エンタメは人生の一つの処方箋。物語には予想外のものに対する処方箋があるというのはすごく大事なことです。

中野　聖書を読んでみても幸せな話ばかりじゃなくて、終末的なイメージが繰り返されていたり、兄弟で殺し合ったりするような、できれば現実には起きて欲しくないような例え話も多いですよね。

鴻上　子供を差し出すとかね。

中野　旧約聖書の「イサクの燔祭《はんさい》」ですね。反実仮想のトレーニングが人間のレジリエンスを高くすると考えれば、やや極端に思えるエピソードもじっくり考察できそうです。

戯曲はコミュニケーションの見本

鴻上　今、なかなか戯曲は売れません。でも、戯曲が全く売れなくて、小説が売れるってことは、コミュニケーションの上達のためにはもったいないことなんです。小説って内面を掘り下げていくじゃないですか。自意識を語っていくことが多い傾向がある。でも、戯曲って結局発せられた言葉しか書いてない。その発せられた言葉で、コミュニケーションするっていう、人間の当たり前のことを一番教えてくれるのが戯曲です。使える言葉がたくさんある。だけど、まあ戯曲は売れない。
昔、井上ひさしさんが僕に「小説を書いてね、出来が悪いなと思うのに、出版社はすぐに来るんだよ。戯曲を書いてね、傑作が書けた！　と思うのにね、出版社は来ないんだよ」って、しみじみと言ってましたからね。あの井上ひさしさんもですよ！

中野　ここでも自問自答型になってしまうのか…。戯曲が売れない、というのは考えてみると不思議ですね。

鴻上　それは言葉の背景にある見方を、小説は地の文で教えてくれるからなんですよね。「ありがとうと言いながら、なんでこんなやつにこんな笑顔を見せないといけないのかとA子は思っていた」みたいに詳しく教えてくれる。でも、戯曲は「ありがとう」「どっか行く？」とかっていう会話だけ。その戯曲を「芝居」でやれば、同じ空間の中で、俳優の非言語的コミュニケーションが全身から伝わって来てよくわかります。例えば、この人はすごい我慢して「ありがとう」って言ってるんだというようなのも伝わるんだけど、戯曲だけだとなかなかそれがわからない。読み込む力が必要なんです。

中野　ああ、小説はそこを用意してくれるんですね。さらに漫画だったら、セリフと内面の間のところが絵になっていて、より読みやすくなってますね。

鴻上　そうそう。さらに、少女漫画だと、内面の吐露も書くじゃないですか。セリフの横に、「違う、こんなことが言いたいんじゃない、違うんだ」みたいなことが書いてあって、これがまたキュンときたりするじゃないですか。

中野　「この俺が落ち込んでるなんて」みたいなやつですよね。

鴻上　そういうやつです（笑）。でも、戯曲は、こういう時はこういう言い方をするといいんだとか、自分の気持ちをこういう言葉で表せばいいんだとかっていう、見事な言葉の見本になるんですよ。そういう面で言うと、演劇を見るのもそうだし、映画もそうだけど、その内面を語るのではなくて、音声化した言語で、その他人とコミュニケーションしていくっていうジャンルを見ることは、とてもコミュニケーションのための練習になるだろうとは、ずっと思ってますね。

例えば、映画や演劇を見る時に、登場人物のセリフを取り込もうみたいに決めていくと、案外いいかもしれない。

中野　ああ、そういうのすごくいいと思います。

鴻上　戯曲のこのごまかす言い方とか、自分の気持ちの言い方はとても役立つと思って見ると勉強になりますよね。

中野　それを言ったら、鴻上さんのスクリプトの中にすごくいい言葉がいっぱいありますよね。私、もしかすると、自然に使っちゃってるかもしれません。

鴻上　ありがとうございます。なのにね、戯曲は売れないんですよ、ほんとに（笑）。

美の認知は社会性のために必要

鴻上　中野さん、最近アートの活動もしていますよね。何がそんなに中野さんを引きつけるんですか？

中野　いろいろあるのですが、その中のひとつが、脳なんです。人間は、脳を少しずつ巨大化させて生き延びてきたんですが、最後の最後に巨大化した部分の一番多くの領域を「美」が占めてるんです。わざわざ脳を巨大化させるようなことがなんのために必要だったのか。そもそもの疑問がそこなんです。美が無駄なものだったとしたら、単なる副産物のために、こんなに多くの領域を割くわけがない。

何のために私たちがこんなお金かけて展覧会をしたり、何十万、何百万、何千万、人によっては何十億もする絵を買ったりするのか。ステイタスであったり、ビジネスのために買ったりっていう人も当然いるんですけど、もちろんバニティ（虚栄）もある。

じゃあ、なんでそれがバニティになりうるのか。普通バニティだったら、学歴であったり、家柄であったり、男の人が大体こうビジネスに成功していくと、あの王族の娘と結婚したいとか、そういう家柄っていうバニティが欲しくなりますよね。

鴻上　きれいな女性を妻にしたいとかね。トロフィー・ワイフと呼ばれるやつですね。

中野　もちろん、経済力という虚栄があるんですけど、なんで美が虚栄になりうるのか。で、ちょっとこのあたりの考察、自然科学的にはあまりにもなおざりにされてると思うんですよね。特に日本では、私たちの受験科目に美術がないから仕方ないところもあるんですけど。でも、世界的にはめちゃくちゃ重要であると見なされているし、少なくとも私はそう思っています。

だって、やっぱりダサい人のことを尊敬しないですよね。どんなにステータスがあっても、お金があっても、「さえない人」って言うと思う。どんなにお金がなくて、家柄もなく、そういうその他もろもろの虚栄に当たるものがなくても、「美しい人」「センスのいい人」っていうのは、それだけで権力を持つんですよね。なんでだって思いませんか?

鴻上　美人さんとかイケメン君の美と、絵画や彫刻の美は、僕のなかでは、ちょっと違うものなんですよね。すごい美人さんとかものすごいイケメン君の俳優を見ると、遺伝的な勝利を感じるんですよね。この人が一つの完成形なんだっていう気がすごいします。

中野　確かに処理される場所も違います。人間の容姿のような、基準の変わりやすい美を処理する部分、あまり歴史的に変化のない、美しい夕陽や絶景を処理する部分は違います。

細かくパターンっていうのがだんだん調べられてきてはいるんですけども、美の認知に関わるところは大まかに分けて3カ所あります。一つ目は「自分の主観的な好み」、二つ目は「時代や社会背景に応じて形成される嗜好」。

最後の一つは、好みや自分の感覚的な部分とは別に、「みんながこの人を称賛してるようだっていう情報」の部分。この情報、まあブランドの部分でもいいかな。そのブランドの部分っていうのは、自分の主観的な好みとか、現代はこれがかっこいいとか、そういう処理をマスクします。情報の方が力があるので、自分はイマイチ好きじゃないけど、みんながこれおいしいっていうから、おいしいものなんだろうみたいなことが起きるんですね。マーケティングでは、ここをうまく使うわけです。

そうすると、ほぼ前頭全野の全域を覆ってるそういう領域が連動して、美の細かな解像度の違いとか、「これは自分は好きじゃないけど、みんなはいいと思ってるようだ」とか、「必ずしも美とは言えないけれども、かっこいい」とか、「美しいのになんかダサい」という認識をするんですね。

鴻上　そんな複雑な処理をするんですか。

中野　そう思うでしょう？　こんな高度な処理をしておいて、無駄なわけないですよね。さらに、ファッションデザイナーなんか、特にそういう形で権威を作ってるとも言えて、美しいとかっこいいをうまく絶妙に処理して、しかもマーケティングのこともやってっていう、かなり高度なことをするわけですよね。そこをうまく処理することによって、その服を着ている人を権威付けすらできるんです。

その権威付けっていうのが、すなわち社会性とイコールであって、私たちが美を処理するってのは、社会性とほぼ同じ、社会性の処理とほぼ一緒なわけですよね。つまり、美の認知は社会あるいは集団をスムースに回し、維持するために必要なんです。

美によって回避できた紛争や戦争

鴻上　美は、社会性に対して、どんな良さがあるんですか。

中野　私たちの社会性の処理には、数を数えるような数的な限界があります。先ほども言いましたが、私たちが仲間として処理できる人数に限界があって、せいぜい百五十人なんですね。そんなしょぼいCPUしか私たちは持っていないんですよ。

けれども、人口はどんどんどんどん増えていって、複雑なヒエラルキーも生じていますし、外敵も一つではなく、例えばいくつも周りに国があって、どれがいつ味方になったり敵になったりするかわからないとか、いろいろな関係があったりして、それらを全部処理しなきゃいけない。全部自分と仲間ではないとなると、これの処理を計算でやることができないので、どこかでスキップするわけです。あの人は「美しい」、この人たちのポリシーや文化は「美しい」から信用する、あるいは、畏怖の気持ちを持つ、自分たちの認知の限界を超えたものに対する畏怖の心を生じさせることによって、大規模なコンフリクト（紛争）を回避するということが行われてきたんだろうと考えられます。

今でも当然紛争や衝突は少なからずあるんですけども、美の認知がなかったらもっと多く、激化していた可能性がある。ようやくこれで収まって、バランスしていると考えられる。

もし私たちの脳がもうちょっとマシで、もっと数的な認知が量的にも質的にも優れていたり、衝突よりも互恵関係の方が得だよねっていうことを瞬時に計算できる脳だったりしたら、こんなに衝突しないですんでると思いますけど。

鴻上 まだ衝突が完全に回避できるほど脳は進んでいないってことですか？

中野 そうですね。なぜ私がこう考えたかというと、私たちに似た私たちの近い種族たち、ネアンデルタール人をはじめとした私たちに近かった生物種、ヒト族の他種はことごとく滅びているんです。私たちよりもひょっとしたら、脳が大きかったかもしれない種ですら絶滅している。結構いい規模まで集団が大きくなっていた種も、ある時点でそれが失敗しているんです。

でも、なんで私たちだけ生き延びてるのかっていうことを考えた時に、私たちの脳に一カ所だけ特異的な場所があったんです。この前頭葉の異常な膨らみ、このここにある前頭前野にある異様な機能。これはかっこいいとか、美しいとか、周りの人がこれをいいと思うから、これはいいことにしようという認知の座です。それらは現生人類にしかできないことなんです。

鴻上　なるほど。

中野　この「美の認知」というのは、守らなきゃいけない規範という以上に、私たちが勝手にそっちの方向に引っ張られたことによって、衝突や戦争を回避することができた思考装置と考えられるんです。これがある種の武器であったと思うんですね。これがないと、もう私たちここにいないというぐらいの重要なものだと考えています。

生活の中でのアートの可能性

鴻上　なるほど。美が社会に対して有効であるということですね。そこが中野さんのアートにこだわっているところなんですね。

だけど、身近なところで、アートに僕らの生活を変えたりとか、風穴開けたりとか、楽にするみたいな脳科学的な可能性はなにかありますか？

中野　自分と違う世界を見てる人がいる、ということに気づかされることです。作家ごと、作品ごとに違う世界がいっぱいあるんです。その出来栄えは確かによしあしもあるし、もうほんとにダメなゴミみたいなものもいっぱいあるんですけど。でも、そういう風にその人が世界を見て何かを作ったっていうことが大事じゃないですか。

鴻上　優れた作品を見ることで、世界の多様な見方を知るということですね。そのことによって、自分自身の世界の見方をすごく広げてくれるし、楽にしてくれるわけですね。まさに昔の言葉で言うと「脱構築」してくれるわけだ。

中野　そうなんです！　それが特にコンテンポラリーアート、コンセプチュアルアートの重要な意味ですよ。そこが、面白さだと思います。

鴻上　確かに、30年くらい前だったけど、コンセプチュアルアートで、バーチャルリアリティタイプのゴーグルをつけたら、別の人の見てるものが見えるっていうのがあったんです。自分は動いていないのに、視点が勝手に移っていく。それはやっぱりショックでしたね。なるほど、こうやってテクノロジーは他人の「物の見方」を教えてくれるんだという身体的な発見がありました。アートが自分の見方を広げてくれるわかりやすい例ですよね。

あとがきにかえて

100年200年の単位で歴史を振り返れば、20世紀から21世紀のこの辺りの時代は「脳科学の時代」と呼ばれるんじゃないかと、僕は密かに思っています。

「地頭の遺伝は7割前後」とか「日本人はセロトニントランスポーターが少ないから不安になりやすい」とか言われると、「そうですか。実験と研究の結果ですか。統計的にもちゃんと処理してるんですね」と納得してしまう人がほとんどだと思います。

もちろん、中野さんが仰るように「科学は反証可能性がある」ということはよく分かります。分かりますが、「それ違うんじゃないの?」と突っ込める人は、それなりの知識がないと無理だろうと思います。今までの脳科学に対して、具体的に反証できるのは、次の脳科学者および脳科学を在野でずっと研究している人に限られるだろうと思うのです。

話は飛ぶのですが、1970年代、「連合赤軍」という新左翼集団が、山の中で同じ集団の同志を次々に「総括」という名のリンチにかけ、十名以上を殺していった過程で、他のメンバーが何を考えていたのか、というインタビューがあります。

「革命運動に必死だった」とか「ちゃんと総括しないと自分が責められる」とかの証言の他に、「幹部の人達は、私達の知らないことを知っている。私はマルクス主義をよく理解してない。だから、指導部にちゃんとついていこうと思った」というものがありました。

次々と仲間が殺されていくけれど、これはきっと指導部の深い考えがあるに違いない、私の理解が及ばないだけなんだ、という告白です。末端のメンバーがどう感じていたか、とてもリアルな感覚だと思います。

「その行動は間違っている」と反論しようとしても、「お前はマルクスの何を読んだ？」「前段階武装蜂起論に対して、お前はどう思う？」「日本帝国主義の一番の経済的問題はなんだ？」と詰め寄られれば、「自分は何も考えてない。とても考えが浅い。何も言えない」となるのは、一般的な感覚だと思います。そして、ズルズルと悲劇が拡大していくのです。

「脳科学」を研究して、発信されている方の中には、断定的に今までの研究結果を語る人がいます。テストステロンの量が多い人種はこうなり、少ない人種はこうなる。それは決まっていることなんだ――というような言い方です。

そういう明快な言葉を聞くたびに、どこか居心地の悪さを僕は感じていました。分かりやすい断定への恐怖と同時に、分かりやすさに身を任す誘惑も感じたのです。それは、とても混乱した感覚でした。

日本に「日本赤軍」があったように、ドイツにも1970年代「ドイツ赤軍」という組織がありました。彼らの始まりから終わりまでを描いたドイツ映画『バーダー・マインホフ　理想の果てに』では、レバノンで軍事訓練を受けているドイツ人メンバーが描写されています。

彼らは、途中で、あまりの暑さと訓練の厳しさに嫌気がさして、ビールを飲み始めます。飲めば気持ちよく、旅先でのバカンスのようになりました。

この風景を見ながら（ドキュメントタッチの映画でしたから、ある程度の事実に基づいていると考えられ）、彼らは「頭脳より身体を選んだんだ」と僕は思いました。別の言葉で言えば「知識より実感を選んだ」ということです。

それは、人間としてとても健全なことに僕は感じました。屋上でビールを飲んで騒いでいるドイツ赤軍に対して、訓練を指導していたアラブ人達はじつに苦々しい顔で睨むのですが、僕はこのシーンに一種の爽快さを感じたのです。

頭脳と身体の分裂の時は、身体の声に従った方がいいと、僕はずっと思っています。ちなみに、日本赤軍もレバノンでゲリラ兵士としての訓練を受けました。彼らは頭脳が身体をコントロールして、じつに真面目に参加したと伝えられています。

僕は演劇をやっている人間なので、実感を信じます。どんなに立派な演劇論も、役者の身体を通じて現すしかないからです。どんなに頭で理解しても、それを「生きる実感」として体感できないと、観客は嘘を見抜くと思っているのです。

一度、建築家の隈研吾さんから「建築と演劇は似ている」と言われたことがあります。建築もまた、どんなに最新の思想・哲学、世界観を持ったとしても、具体的に形に現すしかないというのです。どんなに優れたコンセプトも、人間が毎日生活する空間として現実に適用していくしかない。観念的や抽象的な理論を、具体性を持ったものに変換していく必要があるのです。

つまりは、演劇も建築も、「優れた理論」を「生活する身体」が検証するということです。

そして、その結果、その「優れた理論」は、理論としてのみ存在するものなのか、現実に対して有効性を持つものなのか分かってくるのです（もちろん、中には、「生活する身体」なんて嫌いだ、「観念としての身体」が好きなんだ、という人もいるでしょう）。

今までは、そういう作業は「頭でっかち」にならないで「体の声を聞く」ようにしよう、なんて言い方をされてきました。本当の「知性」は、「身体」までを含んだものなんだ、なんて言い方もありました。「頭脳」を語る人は「身体」を忘れたり、対立して考えることが多かったのです。

ところが、「脳科学」は、「身体」を「知性」で語ります。これが、多くの人々が「脳科学」に魅せられ、「脳科学」が麻薬のように人々に広がっている理由だと思います。

かつてマルクス主義的アプローチが「人間と社会の見方」の革命的転換であったように、「脳科学的アプローチ」は、間違いなく「人間というメカニズム」の革命的転換だと思います。だからこそ、僕は脳科学者中野信子さんにいろいろと質問を続けたのです。

でも、中野さんとの対談の企画を提案されて、僕が一番興味を持ったのは、「脳科学」という「伝家の宝刀」を持つことを、中野さんはどうお考えになっているのか知りたいということでした。

マルクス主義が「時代の象徴」だった時期、何人もが「時代の旗手」に祭り上げられました。その言葉や行動を神託のように受け取る人達が殺到して、疑似宗教活動が始まりました。教祖になるつもりはないのに教祖にされた人達は、居心地の悪さを感じて逃げ出すか、必死で時代のダンスを踊ったか、時代の荒波に飲み込まれたか――。

「脳科学」の時代に、中野さんは大変だなと感じます。でも、中野さんはワイドショーでコメンテイターとしてあらゆる事件にコメントしながら、同時に科学の反証可能性を胸に研究・発言を続けているのです。なんという危うい綱渡りだろうと感嘆します。

テレビでは、どんな複雑な事件でも、30秒でコメントをまとめる、なんていうことは普通のことです。3分かけて答えるなんてことはありません。ですが、あらゆる事情に対して30秒で言いたいことを正確に伝えることなんて不可能です。言葉足らずになったり、誤解を生んだり、余計なことを言ったりします。

それを中野さんは「解像度を粗くする」ことで乗り切っているのです。なんてスリリングな時代のサーフィンかと思います。

この本を読んで下さった読者はお分かりのように、中野さんは慎重に「脳科学」の知見を語り、断定的な言い方を避け、反証可能性を常に念頭に置きます。

それでも、前述したように、「地頭の良さは約7割が遺伝し、それは母親から受け継がれる」と聞くと、ある感覚が沸き上がってきます。僕の友人の何人かにこの言葉を伝えると、みんな、複雑な表情を見せました。

それは、僕も同じで、それをあえて言葉でいうと、驚きと小さな混乱と反発と懐疑と、そして、穏やかな諦めと甘美な無力感ではないかと思うのです。

前半は、批評的な感覚です。でも、後半は受容的な感覚です。その研究結果に身を任せてしまおう、「脳科学」という神にひざまずいてしまおうという、陶酔にも似た感覚です。それは、自己を「脳科学」に明け渡す感覚、自分自身を「脳科学」に支えてもらおうという感覚と言えます。

この感覚そのものは、人類は何度も経験してきたと僕は思っています。さまざまな神への過度の忠誠もそうですが、国家やマルクス主義、陰謀論もまた、自己を明け渡す甘美な感覚を人類に与えてきたのです。

そして、自己を明け渡す快感の後に、人類は何度も厳しいしっぺ返しを経験してきたと僕は思っています。過度に信仰した宗教も国家もイデオロギーも陰謀論も、やがて暴走し、人々の生命を奪ってきたのです。

前述したように、専門家ではない僕は、「脳科学」に対して、科学的な反証を打ち出すことはできません。ただ、できるのは、批評的な感覚と受容的な感覚の綱渡りを続けることだけです。

「頭脳」の働きで、批評的な感覚を持ち続けるためには、さまざまな「脳科学」に書かれた言説に接する必要があるでしょう。それも、断定的に書かれた「脳科学」の文章の後に、慎重に「反証可能性」を提示した文章を読む、というようなことです。

「身体」から生まれる批評的な感覚は、自分の身体感覚に敏感になることです。

その言説に身を任した時の小さな違和感や居心地の悪さ、どこか腹に落ちない感覚――これらは、「頭脳」ではなく「身体」で判断している結果だと僕は思っています。

逆に「あまりにも気持ちいい」とか「完全に陶酔する」という身体感覚も、危険だと僕は感じるのです。

「頭脳」の理解の速度に比べて、「身体」の速度は遅いと僕は思っています。仕事でマニュアルを説明されて「分かった？」と聞かれて「分かりました」と答えても、それが身体に定着するのは時間がかかる、というようなことです。

この「身体」の遅さが批評的な感覚のためには有効だと、演劇をやっている僕はいつも思います。観念的なセリフをどうやったらリアルな言葉にすることができるか。それは、思考したり内省したりすることではなく、立って動いてくり返して、自分の体と対話することで見えてくるのです。

常に「反証可能性」を意識している中野さんの言説を、批評的に、そして受容的に受け止めながら、「脳科学」がさらにどんな未来を見せてくれるのか、僕はずっと楽しみにしているのです。

鴻上尚史

鴻上尚史［こうかみ・しょうじ］

1958年愛媛県生まれ。早稲田大学法学部卒業。作家・演出家・映画監督。在学中に劇団「第三舞台」を旗揚げ。94年「スナフキンの手紙」で岸田國士戯曲賞、2010年「グローブ・ジャングル」で読売文学賞戯曲・シナリオ賞受賞。現在は「KOKAMI@network」での作・演出を中心としている。人生相談の名手。著書に「世間ってなんだ」（講談社）「鴻上尚史のほがらか人生相談」（朝日新聞出版）など。

中野信子［なかの・のぶこ］

1975年東京都生まれ。東京大学工学部応用化学科卒業。東京大学大学院医学系研究科脳神経医学専攻博士課程修了。脳科学者・医学博士・認知科学者。現在、脳や心理学をテーマに研究や執筆の活動を精力的に行っている。科学の視点から人間社会で起こりうる現象及び人物を読み解く語り口に定評がある。近著に、「フェイク！」（小学館）「不倫と正義」（新潮社、共著）など。

構成：山下美樹　編集：片山土布

同調圧力のトリセツ

二〇二二年 十一月二十九日　初版第一刷発行

著者　鴻上尚史　中野信子
発行人　下山明子
発行所　株式会社小学館
〒一〇一－八〇〇一 東京都千代田区一ツ橋二ノ三ノ一
電話 編集：〇三－三二三〇－五四四六
販売：〇三－五二八一－三五五五

印刷・製本　中央精版印刷株式会社

Printed in Japan ISBN978-4-09-825442-2